墨香财经学术文库
"十二五"辽宁省重点图书出版规划项目

Research into the Impact of Personal Relationship of Senior Management in BtoB Companies on Company Performance

苏 张文锋 ◎ 著

BtoB企业高管的私人关系对企业绩效的影响研究

东北财经大学出版社
Dongbei University of Finance & Economics Press
大连

图书在版编目（CIP）数据

BtoB企业高管的私人关系对企业绩效的影响研究 / 马苏，张文锋著. —大连：东北财经大学出版社，2022.7

（墨香财经学术文库）

ISBN 978-7-5654-4543-9

Ⅰ. B… Ⅱ. ①马… ②张… Ⅲ. 企业-管理人员-影响-企业绩效-研究-中国 Ⅳ. F279.23

中国版本图书馆CIP数据核字（2022）第091359号

东北财经大学出版社出版发行

大连市黑石礁尖山街217号　邮政编码　116025

网　　址：http：//www.dufep.cn

读者信箱：dufep @ dufe.edu.cn

大连永盛印业有限公司印刷

幅面尺寸：170mm×240mm　字数：162千字　印张：11.25　插页：1

2022年7月第1版　2022年7月第1次印刷

责任编辑：李　彬　王　斌　责任校对：孙　平

封面设计：冀贵收　版式设计：原　皓

定价：48.00元

教学支持　售后服务　联系电话：（0411）84710309

如有印装质量问题，请联系营销部：（0411）84710711

前　言

在中国这样一个关系导向型社会中，无论在生产还是生活中私人关系均扮演着重要角色。已有研究表明私人关系有助于提升企业绩效，但是对于其中的影响机理，学术界并没有达成一致意见，我们有必要进行进一步研究以明确两者之间的联系。同时，目前的研究多以私人关系质量为主要研究内容，较少从更为多方面的视角探查私人关系对企业绩效的影响。因此，本书将从更全面的视角，通过私人关系质量、私人关系数量和私人关系能量来探查私人关系对企业绩效的影响。探查私人关系对企业绩效的影响机理将为中国文化背景下企业经营管理活动提供有效指导，同时也是对私人关系相关理论的丰富和拓展。于此，本书以BtoB公司的企业高管作为研究对象，开展了以下几方面工作：

第一，我们对本研究涉及的私人关系、私人关系价值以及所应用的理论基础进行了回顾。通过对先前研究的总结发现，虽然目前各个领域的研究为探查私人关系对企业绩效的影响打下了基础，但是已有的理论仍有部分问题尚待进行更深层次的分析：一是现有研究对私人关系的探查主要研究了私人关系的质量层面，没有从更为全面的角度考察私人关系。基于社会网络理论，私人关系可以划分为质量、数量和能量三个方面，而现有研究较少关注数量和能量方面。二是现有研究更多地建立了私人关系对企业绩效的直接影响关系，对于这种关系的影响机制较少探查，缺少对作为中介变量的私人关系价值维度的探查，对理论和实践领域都缺乏更为细致的指导。三是由于不同领域的学者出发点不同，通过对不同的研究对象的选取探查了私人关系对企业绩效的影响，但对于特定情境中私人关系对私人关系价值的作用探查较少，即缺乏有效的调节变量的探查。

第二，我们对私人关系和企业绩效之间的中介变量——私人关系价值进行进一步研究。我们对私人关系价值的概念进行了重新界定，并开发了测量量表。首先，我们利用文献回顾的方法对私人关系价值的内涵进行了初步界定，认为其包含结果性关系价值、程序性关系价值和情感性关系价值三个维度，并利用定性访谈的方法对私人关系价值各维度的定义进行了明确。其次，我们遵循标准量表开发流程，利用文献回顾和定性访谈的结果形成初始题项，并通过专家研讨和评价形成包含15个题项的初始量表，其中结果性关系价值包含5个题项、程序性关系价值包含5个题项、情感性关系价值包含5个题项。再次，我们通过向MBA、EMBA学员以及与其相关的研究对象发放预调研问卷，采集量表数据。对采集到的数据进行必要的净化后，我们对初始量表进行内部一致性信度分析和探索性因子分析，对不符合筛选标准的题项进行删除，实现对初始量表的净化，最终形成正式调研问卷。其中结果性关系价值包含5个题项、程序性关系价值包含4个题项、情感性关系价值包含5个题项。最后，我们以扩大了学校范围的MBA、EMBA学员及其相关BtoB企业高管为调查对象，展开了正式调研。我们利用新一轮的正式调研数据，对量表可靠性和有效性进行检验，利用验证性因子分析的方法对模型拟合优度进行对比分析，结果表明我们提出的三维度私人关系价值量表具有较好信度和效度，并展现出比其他模型更好的拟合优度水平，可用于开展相关领域重复研究。

第三，我们提出了整体研究框架并提出了相关假设。首先，我们对私人关系的三个方面即关系质量、关系数量和关系能量概念进行了回顾，在此基础上对私人关系与企业绩效之间的作用机理进行了阐述，总结并提出服务比重、接触人员变更率和接触难度三个变量对私人关系的三个方面和私人关系价值的三个维度之间具有调节作用的设想。基于上述分析和设想，我们提出了研究的整体框架模型。其次，基于相关理论和前人研究成果，我们对模型中各变量之间的关系进行假设推导，主要包括：私人关系质量对结果性价值、程序性价值和情感性价值有积极影响；私人关系数量对结果性价值、程序性价值和情感性价值有积极影响；私人关系能量对结果性价值、程序性价值和情感性价值有积极影响；结果性价值、程序性价值和情感性价值对企业绩效有积极影响；服务比重在私人关系质量与结果性价值、程序性价值和情感性价值之间有正向调节作用；接触人员变更率在私人关系数量与结果性价值、程序性价值和情感性价值之间有正向调节作用；接触私人难度在私人关系能量与结果性价值、程序性价值和情感性价值之间有正向调节作用。

第四，我们开展了研究设计来对理论模型和上一部分提出的相关假设进行实证检验。首先，对研究框架模型中各量表进行检验，过程主要包括定义变量、选择变量测量工具、优化预调研量表、形成正式调研问卷。信度和效度分析结果表明，私人关系质量、私人关系数量、私人关系能量、私人关系价值以及企业绩效的量表均得到检验通过。其次，通过正式调研实施、数据处理和分析，对模型和研究假设进行检验，结果表明理论模型中各概念量表具有较好的可靠性和有效性，数据和模型有较好的拟合度。理论模型主效应中，私人关系质量对私人关系价值的影响并没有得到数据分析结果完全支持，其中私人关系质量对关系的情感性价值影响没有得到数据支持，私人关系质量对关系的结果性价值和程序性价值有显著影响；私人关系数量对私人关系价值的影响并没有得到数据分析结果完全支持，其中只有私人关系数量对关系的程序性价值影响得到数据支持，私人关系数量对关系的结果性价值和情感性价值影响并不显著；私人关系能量对私人关系价值的影响得到数据分析结果支持；私人关系价值对企业绩效的影响得到数据分析结果支持。理论模型的调节效应中，服务比重在私人关系质量和私人关系的结果性和程序性价值之间的影响具有正向调节作用；接触人员变更率在私人关系数量和私人关系程序性价值之间的影响具有正向调节作用；接触难度在私人关系能量和私人关系结果性、程序性和情感性价值之间的影响具有正向调节作用。

本研究所取得的成果理论贡献在于：一是识别出的私人关系质量、私人关系数量和私人关系能量三个变量能够用来较全面地衡量私人关系的三个方面。通过这三个方面的研究我们对私人关系完成了比较全面的描述，为后续相关研究提供了可供参考借鉴的测量工具。二是通过分析研究私人关系对企业绩效的影响机理，我们一方面丰富了私人关系价值的本土化研究，形成了较成熟的测量量表，为以后的有关私人关系价值的实证研究提供了比较扎实的基础；另一方面也拓展了企业绩效影响因素的相关研究。研究结果表明私人关系通过私人关系价值影响企业绩效，找到了提升企业绩效的先行条件，为今后企业绩效的相关研究提供了更宽广的研究视角。三是检验了服务比重在私人关系质量与私人关系价值之间的调节作用、接触人员变更率在私人关系数量与私人关系价值之间的调节作用、接触难度在私人关系能量与私人关系价值之间的调节作用。

本研究所取得的成果实践启示在于：一是我们对中国文化背景下提升企业绩效的要素——私人关系进行了更加深入的研究。基于在中国背景下，人们对关系的资源属性的重视程度如此之高，本研究从私人关系质量、私人关系数量和私人关系能量以及私人关系价值的视角探查其对企业绩效的影响。结果表明，企业必须同时注重私人关系的质量、私人关系的数量和私人关系的能量三个方面，不能顾此失彼，这样才能从全面提升的私人关系中获得收益。二是为企业通过私人关系价值促进绩效提升提供了方向。通过对私人关系的结果性价值、程序性价值和情感性价值进行分析，为企业提供了私人关系价值提升的新视角，明确了维度和路径，即从哪些维度来切入，并以较高的投入产出比来提升私人关系价值，从而提升企业绩效。三是帮助企业找到了更好的提高私人关系价值的边界条件。本研究验证了服务比重、接触人员变更率、接触难度对于私人关系质量、私人关系数量、私人关系能量与私人关系价值之间的调节作用，这样可以指导企业从更细微、更实际的角度来制定各种策略，从而提升私人关系价值并最终提升企业的绩效。

本书研究的创新点主要有四个方面：一是在原有私人关系质量对企业绩效影响的基础上，验证了私人关系数量和私人关系能量对企业绩效的积极作用。二是发现并验证了与强关系弱关系理论相反的结论。三是开发了私人关系价值量表，并且发现了私人关系通过私人关系价值，进而影响企业绩效的机理，丰富了私人关系对企业绩效的影响机理研究。四是找到了私人关系三个方面发挥作用的边界条件，深化了私人关系的理论研究。

本书是国家社科基金重大项目“建设面向东北亚开放合作高地与推进新时代东北振兴研究”（批准号：20&ZD098）的阶段性研究成果，得到了项目的大力支持。

作　者

2022年3月

目　录

1 绪 论

1.1 选题背景

1.1.1 现实背景

企业绩效是衡量企业生产经营状况的重要指标，企业将提升绩效作为自己的目标。如何有效地提升企业绩效成为企业关注的重要问题。驱动企业绩效提升的因素有很多，包括不可复制的核心技术、良好的企业文化、传承的企业家精神等。华为公司从一家默默无闻的私人企业发展为目前世界五百强，成为引领世界通信行业发展的全球性大公司，其成功所依赖的正是对移动通信技术的孜孜不倦的深耕挖潜，持续的大规模研发投入使其掌握了前沿技术。同时，发展初期的"狼性文化"和近乎军事化管理的体制使公司始终没有偏离前进的轨道，当然创始人任正非的管理哲学和个人魅力也对公司的跨越式成长影响深远。

由于中国和西方所处的文化背景、发展历史和法律体系全然不同，西方的一些理论并不完全适用于中国。中国企业的绩效提升，有其独有的因素。除前面所述的影响企业绩效因素外，学者通过对中国企业的调查研究发现，企业高管的私人关系对企业绩效提升发挥着重要作用（Davies等，1995），这一发现引起了理论和实践界的注意，尤其在中国不断扩大改革开放领域，全面参与经济全球化发展浪潮的背景下，对私人关系这一因素进行深入研究则显得至关重要。企业和客户在交易过程中都有寻求降低交易成本和交易风险的欲望和动机。在中国的商业活动中，作为企业代表的谈判双方往往会利用良好的私人关系减少交易过程中的不确定性和花费的成本，以达到获取各自所需竞争性资源的目的。这主要体现在两方面：一是企业代表之间的私人关系会降低由于交易目的不同、企业文化制度不同等所造成的不确定性；二是中国商业传统决定了通过企业代表之间的私人关系获取交易机会是商场上不成文的习惯，因此企业代表私人关系网对企业发展作用极大。实践界对私人关系作用的认知也早有发现，他们认为企业借助关系可以充分利用他人优势来实现产品创新和市场开拓，这足以表明私人关系是除了技术、文化、企业家精神外，驱动企业业绩提升的第四动力。企业家冯仑曾指出，良好的私人关系网有助于企业和个人开展创新活动并提升成功的可能性，从而使企业在未来市场中获取竞争优势地位（冯仑，2013）。因此，企业家们关心的是了解私人关系对企业绩效的影响机制，以及这种机制发挥作用所需具备的条件。所以分析探索私人关系对企业绩效的作用机理，是中国企业提升自身竞争力的现实要求。

1.1.2 理论背景

为了增强企业自身竞争实力，越来越多的管理者对于私人关系给企业日常经营所带来的好处产生认同并付诸实践。教导我们如何建立和维护关系的书籍如《人际的奥秘》（曾仕强，2015）、《掌控关系》（熊太行，2013）、《中国式饭局读心术》（郑德明，2013）等，从理论层面分析了关系的重要性和作用机理，可见中国人的关系意识已经深入到生活的方方面面。

商帮文化源远流长，从商业活动出现开始，商帮的雏形就开始显现。商帮是以地域为中心，以血缘、乡谊为纽带，以“相亲相助”为宗旨，以会馆、公所为其在异乡的联络、计议之所的一种既“亲密”而又松散的自发形成的商人群体（田生湖等，2019）。尤其在现代商业活动中，私人关系越来越受到企业领导者的认同和关注，他们往往会利用论坛、峰会、培训、商会等平台搭建私人关系，获取所需机会和资源，促进企业业务发展、业绩提升。

私人关系对创新的积极作用也得到研究的支持。Lee和Humphreys（2007）通过对供应链系统的研究发现，如果上下游企业代表拥有良好的私人关系，那么下游企业会愿意为上游企业提升供应能力（如企业创新）提供必要的便利和资源支持。Sheng等人（2011）研究发现，建立私人关系的企业之间会分享与产品和竞争有关的稀缺性信息。Heide和John（1992）认为，企业的产品创新必须依赖于与客户之间畅通的沟通和关系的建立。但与此同时我们也发现，现有研究中对私人关系的测量多用“关系质量”这一维度来实现，而实际上Palmatier等人（2006）通过研究发现关系是一个多方面概念，因此仅通过关系质量来评价私人关系并不准确，因此有必要在中国情境下对私人关系的具体内涵开展深入的研究，分析其准确构成，从而指导后续研究开展。私人关系与信息共享之间的关系也得到了理论界相关实证研究的支持（叶飞等，2012）。相关研究发现，企业高管之间的私人关系通过组织间信任对信息共享产生间接影响。胡保玲和沈鹏熠（2011）在研究中提出了私人关系是一个包含人情、面子和感情的多维度概念，并对企业边界人员私人关系对企业绩效的影响进行了探讨。他们发现，权力运用是私人关系与企业绩效之间的中介变量，并且提出私人关系的不同维度对企业绩效的影响机理是不同的。

综上所述，虽然已有研究表明私人关系有助于提升企业绩效，但是对其中的影响机理学术界并没有达成一致意见，有必要进行进一步研究以明确两者之间的关系。同时，目前的研究多以私人关系质量为主要研究内容，较少从更为全面的视角探查私人关系对企业绩效的影响。因此，本书将从更全面的视角，通过私人关系质量、私人关系数量和私人关系能量来探查私人关系对企业绩效的影响。

1.2 研究范围、任务和意义

1.2.1 研究范围

如果一味追求理论的普适性而将研究范围盲目扩大，势必将造成研究成本尤其是数据采集成本的大幅增加，综合考虑研究的经济性和有效性，本书从研究对象类型即企业类型和私人关系类型两个角度对研究范围进行了界定。BtoB和BtoC的称谓最早是针对依靠互联网运营的企业，但随后这对概念的范围已经延伸至整个企业界。按照销售对象的不同，广义上我们可以将企业划分为BtoB企业（销售对象为企业）和BtoC企业（销售对象为个体消费者）。BtoB企业的销售对象主要为企业，当然也有一些特殊的BtoB企业，它们的客户既包括企业也包括个体消费者，如商业银行。针对企业和消费者两类不同销售对象所采取的销售策略不同，所要达到的预期销售目标也不相同，因此如商业银行这类企业也会相应地将其业务划分为两类，一类是为企业客户服务的对公业务，一类是为个人消费者服务的对私业务。按照销售对象不同将企业分为BtoC企业和BtoB企业的这种分类，在实践中和学术研究中都得到广泛认可和应用。BtoB企业相对来说客户比较集中，交易金额较大，买卖双方合作关系持续时间较长，更有利于开展相关研究，因此本研究选定BtoB企业作为研究对象。私人关系价值的感知往往是相互的，买方的感受决定了私人关系价值的高低，私人关系与工作关系相对应，而这种关系对工作有作用。同时，在BtoB企业里，企业高管往往掌握更多的信息，有更大的资源分配权力，因此我们所研究的私人关系对象仅限定为BtoB企业的高管（见图1-1）。

1.2.2 研究任务

基于研究背景，本书力图回答如下理论问题：

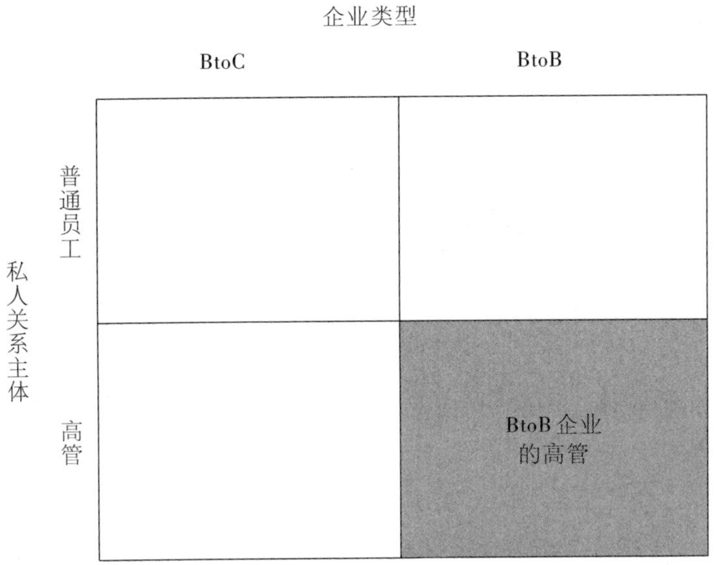

图 1-1　研究范围界定

（1）除了私人关系质量外，私人关系数量和私人关系能量对企业绩效的影响

目前，学术界对私人关系的研究主要集中于私人关系质量的研究，较少更加细致地对私人关系进行细分并探查其在社会经济生活中的作用。基于已有文献和实地访谈，本研究将私人关系分解为私人关系质量、私人关系数量和私人关系能量，并通过实证来检验私人关系数量和私人关系能量与企业绩效之间关系。因此，本研究的第一个目标是探查并且实证检验私人关系数量和私人关系能量对企业绩效的影响。

（2）私人关系价值的中介效应

根据社会网络理论和交易理论，私人关系价值可能是私人关系与企业绩效之间的中介变量。检验私人关系价值在私人关系与企业绩效之间的中介作用，一方面证明私人关系价值在私人关系理论中的作用，填补了相关理论空白；另一方面为客户关系管理领域的相关企业实践活动提供依据。因此，本研究的第二个目标是探查并且实证检验私人关系是否通过私人关系价值这个中介变量影响企业绩效。

（3）私人关系发挥作用的条件

既然私人关系会影响私人关系价值，私人关系和私人关系价值存在着内在联系，那么这种影响关系是否在不同的情境下存在差异，即是否存在着调节变量来影响私人关系和私人关系价值的联系，这就是我们需要研究的另外一个主题。因此，本研究的第三个目标是探查并且实证检验私人关系与关系价值之间的调节变量。

1.2.3 研究意义

（1）理论意义

本研究属于本土研究，Leung（2012）认为，基于研究所在地研究情境开展的概念结构化和理论建立相关研究，必须以其所在地为研究视角。将欧美国家和地区先进研究成果移至中国开展重复研究并验证其应用范围并不能成为本土研究的真正目的。我们开展本土研究更为重要的意义在于能够基于中国化的社会和自然环境属性，以及历史文化特点，提出能够对中国情境中的社会和人文现象进行解释的概念和理论。所以我们开展本土研究必须首先从对中国情境基本社会和人文现象的观察入手，借鉴中西方研究成果，采用本土化研究思维和视角对其进行消化、吸收、再加工和创新，用以解释说明上述现象的深层原因。正如Tsui（2004）所指出的，开展本土研究关键在于要从本地情境出发，以解释本土现象来引领研究的进程。当然这并不意味着本土研究与他国研究是对立的，相反他国研究为我们开展本土研究提供了很好的理论、操作、视角的借鉴参考。从这个意义上讲，超越国界的研究胸怀和聚焦本土的研究视角相结合才是开展本土化研究的精髓所在。

随着国内外经济和市场形势的变化，企业越来越意识到私人关系对企业提升竞争实力的重要意义。与此同时，中国企业在全世界范围的成功越来越成为一种普遍现象，探究其中的规律也引起了学术界的兴趣。在中国文化背景下，私人关系对企业发展起着十分重要的作用。Davies等（1995）通过研究中国香港和内地150家企业的经营情况和业务特点发现，私人关系在这些具有中国文化背景或以中国区域为目标市场的企业发展中发挥了重要作用。这些企业的高层管理者大多认为通过与利益相关方企业、组织或社会团体管理人员建立良好私人关系对自身企业的发展极为有利。私人关系对企业绩效具有积极影响也已被学界广泛接受

（Chen和Chen，2004），并随着国内经济的迅速发展愈加引起西方学者的关注。目前，学者们普遍认可私人关系是通过交往而形成的人与人之间的一种心理联系，其既包含具有资本性的关系，又包含不具有资本性的关系。现有研究中的私人关系主要是指私人关系质量，为了更好地探查私人关系对企业绩效的影响，应该更加细致地对私人关系进行划分并进行研究（庄贵军等，2008）。

私人关系一直是社会网络理论的重要研究内容。社会网络理论包含强关系弱关系、网络密度和社会资本三个理论，根据这三个理论，与私人关系相对应，可以找到私人关系的三个研究方面。首先，强关系弱关系理论与私人关系质量相对应，高质量的私人关系即是强关系，反之则是弱关系；在以国外样本为研究对象的研究中可以发现，弱关系起到更大的作用，即组织中的个体可以通过弱关系相连接进行信息共享和资源交换从而提高效率。但在对中国的样本进行研究时发现了相反的结论，即强关系作用更大，在中国必须是强关系才能提供最大限度的帮助。其次，网络密度是由网络中参与者的数量决定的，私人关系数量越多，网络密度越大，反之则越小。最后，社会资本理论与私人关系能量相对应，私人关系能量越强，社会资本越强，反之则越弱。庄贵军（2012）首先提出私人关系广度和私人关系能量的概念，但是他未对两个变量对企业绩效的影响进行实证研究。私人关系对企业绩效的影响机制是怎样的有待揭示。根据社会交换理论，只有私人关系有价值才能推动企业绩效提升。本研究选取具有中国特色的私人关系作为企业绩效的前因变量，并加入私人关系价值作为中介变量，研究结果既是对企业绩效和私人关系价值研究的扩充与深化，也是对具有中国特色的本土化研究的丰富。

（2）实践意义

企业经营最直接的目的就是要追求企业绩效的提升，企业绩效作为一个复杂的结果变量受到很多因素的影响，如企业文化、企业家精神、技术创新等都会对企业绩效好坏产生不同程度的作用。3M公司迄今已有一百多年的历史，它的消费者或客户覆盖全球200多个国家和地区，其在医疗健康、生产制造、安全防护、汽车、电子、电力能源、商业解决方案、交通运输、设计与建筑营造、矿业石油与天然气、消费品等诸多领域均有涉足，并保持行业领先水平，甚至处于领导地位。其能够保持长期持续的增长和活力主要得益于宽松的企业文化。在3M，员工可以在正常工作时间去做自己感兴趣的与本职工作无关的事。公司为员工提供了优越的创新环境的同时，也保障了公司能够有源源不断的创意和产品出现，从而确保了企业绩效的不断提高。美国著名的特斯拉公司凭借其在电动汽车和新能源设备领域的技术优势，2019年在全球共销售了36.72万台电动车，全球占有率已经超过20%。而且特斯拉是豪华电动汽车的代名词，这家创立于2003年的高科技公司取得今天的成绩与其同样知名的CEO埃隆·马斯克不无关系。为了实现工厂产能的扩大，他甚至吃住在车间，并且他对新技术有天才般的洞察力，马斯克所具有的企业家精神正是特斯拉公司能够取得今天这样成就的关键影响因素。国内著名的信息与通信技术供应商华为技术有限公司，在任正非的带领下从深圳的两间简易房中走出，只用了30年就发展成为全球领先的、市值近万亿的高科技通信企业。一路走来，华为靠的是居安思危，不停创新。创新是企业发展的原动力，华为一直非常重视对科技创新的投入。即使在创业初期，华为也没有忽略在科技上的投入。通信行业发展迅速，如果有任何懈怠，就有可能很快被淘汰，因此，华为从不敢停下研发创新的脚步。华为将销售收入的10%以上作为研发经费，必要时还将加大拨付的比例。对核心技术孜孜不倦的追求是其创新和发展的原动力，由此也构成了其竞争优势，同时赢得了市场认可和消费者信赖。

除了上述因素外，私人关系也是提升企业绩效的一大重要因素。在中国，民间对私人关系的重视无处不在，俗话说“朋友多了路好走”“多个朋友多条路”，无论是公事还是私事，大事还是小事，老百姓首先想到的是能不能找到熟人去帮忙办理。重视私人关系是中国社会的重要特征，私人关系有助于个人和组织开展业务，私人关系的建立和发展成为工作和生活中的一项重要活动。当然除了文化传统因素外，私人关系等非正式制度在业务开展中起着关键作用的原因，还与社会主义市场经济体系和法律制度体系建设不够健全有关，当然这也是处于社会主义初级阶段的中国必然要经历的阶段。以私人关系价值为中介变量，探查私人关系对企业绩效的影响机理，有助于企业高管了解私人关系对企业绩效的影响机制，在经营管理过程中针对能够影响私人关系的因素，有的放矢地实施提升私人关系和私人关系价值的策略，进而促进企业绩效提升。同时将私人关系提升到企业战略高度，将其作为增加企业竞争力的重要驱动因素，有助于企业对私人关系进行有效管理。

1.3 研究方法和流程

为了更好地达到研究目的，我们根据不同的研究内容，在文章中分别采用了定性研究方法和定量研究方法。定性研究方法主要包括文献分析法、访谈法；定量研究方法主要包括信度分析、效度分析、相关分析、回归分析以及结构方程模型分析。具体方法和流程如下：

1.3.1 研究方法

（1）文献分析法

本书首先对涉及的管理学相关理论和概念进行检索，对现有相关研究成果进行归纳总结，提炼出本书的研究理论基础，发现现有研究的空白和不足。同时，结合已有研究成果以及实际现象，厘清私人关系、企业绩效之间的作用机制，建立理论研究模型。

（2）访谈法

访谈法是指采访者通过与被采访者就某一事先确定的主题开展开放式的、深入的交流，以获取被采访者对这一事先确定主题的认知，通过对多位被访谈者访谈记录的整理和归纳，提炼出共性观点和问题。这种方法因灵活性高，获得资料详尽，实施限制条件少等优点，在软科学研究中得到广泛的应用。本书利用访谈法获取一手资料，构建理论模型。

（3）定量研究方法

按照实证研究的规范做法，我们需要利用因子分析的方法对概念量表进行检验和优化，另外利用相关分析、回归分析、结构方程分析等方法对理论模型进行评估和验证，用到的软件主要有SPSS和LISREL。

1.3.2 研究流程

本研究第一阶段通过对私人关系、私人关系价值以及企业绩效在管理学领域的相关研究进行回顾和总结，从私人关系价值入手，开发出中介变量的量表并通过验证。第二阶段提出研究假设和理论模型，并利用采集的数据，对理论模型中涉及的各个研究概念开发和提炼量表，以对其进行可操作的测量，并对测量结果的可靠性和有效性进行判断。第三阶段通过对上一阶段采集到的相关数据进行分析，对研究假设进行实证检验，包括私人关系三个方面对私人关系价值三个维度的影响作用；私人关系价值三个维度对企业绩效的影响作用；私人关系与私人关系价值之间调节变量的作用。第四阶段提出本研究的结论和创新点，并对未来研究进行了展望。

1.4 本书结构

第1章绪论部分，主要介绍了本研究选题的背景以及本研究的理论和现实意义，同时明确了研究的对象范围以及要实现的主要任务，另外简要介绍了本研究所采用的主要研究方法和具体流程。

第2章文献综述部分，将分别对研究中涉及的基础理论和关键核心概念进行研究回顾评述，通过对现有研究情况的分析，发现研究空白和不足，提出本研究要解决的问题。

第3章私人关系价值的维度及测量量表的开发部分，对私人关系价值概念构成进行讨论和实证检验，形成测量量表。

第4章研究模型与假设部分，在前人研究的基础上，结合当前商业实践需求，提出本研究的框架模型，根据相关理论研究成果推导模型假设。

第5章研究设计、数据分析及假设检验部分，综合考虑本研究的对象范围和行业文化背景，对各概念量表进行适应性改进，并设计和实施预调研和正式调研。利用调研采集到的数据，进行信度和效度的检验，之后对模型和研究假设进行检验。

第6章结论与展望部分，我们对上一阶段实证分析中所得到的结果提出相应结论，同时对这些结论的实际应用价值进行了讨论，另外针对本研究中还没解决的问题和存在的缺陷，提出了未来研究展望。

1.5 概念界定

在不同的研究背景下，相同的术语可能有不同的内涵，即有不同的定义，因此，没有最佳定义，只有最合适的定义。为了使读者准确地理解本研究，在综合考虑BtoB企业与客户高管之间的私人关系的研究情景和中国文化的研究背景的前提下，本研究对相关概念内涵进行了适应性改进如下：

（1）私人关系质量（GQ），是指关系双方对相互之间心理联系的总体评价。质量的高低取决于关系双方之间的信任程度和感情的深浅，关系双方之间信任度越高、感情越深，私人关系质量也就越高。

（2）私人关系数量（GR），是对私人关系一方所拥有的私人关系广度的一种评价。数量的多少即指关系对方的人数，也包含关系对方年龄结构、职业、性别等方面的多样性，关系对方人数越多、多样性越强，私人关系数量也就越多。

（3）私人关系能量（GE），是对私人关系对关系一方的有用性的一种评价。这种评价高低受到关系对方职业、权力、地位等因素影响，关系对方越专业、权力越大、职位越高，其对关系一方的价值也就越大，私人关系能量也就越高。

（4）私人关系价值（GV），是指关系一方对私人关系带来的收益和所需付出成本之间进行衡量后得到的感知。

（5）结果性价值（OV），是指私人关系价值所带来的最终合作（产品和服务）能够满足其需求程度的偏好和评价。

（6）程序性价值（PV），是指私人关系价值带来的完成产品的过程能够满足其需求程度的偏好和评价。

（7）情感性价值（EV），是指私人关系价值带来的满足其情感需求的程度的偏好和评价。

（8）企业绩效（PF），是指企业在经营中通过一定资源投入所期望达到的产出结果。

（9）服务比重（TC），是指企业与客户在合作中无形性的服务占整个交易的比例。

（10）接触人员变更率（PC），是指企业与客户在合作中的联系人的变动情况。

（11）接触难度（PD），是指企业能够接触到客户方重要核心人物的难易程度。

1.6 本章小结

本章首先指出在中国情境下的商务活动中，私人关系发挥着重要的作用，甚至直接影响企业绩效优劣，而该领域相关理论研究还处在探索阶段，不够深入具体，相关研究的开展将有效满足企业现实需求。

其次，为了研究的顺利开展，我们对研究对象进行了明确，将BtoB企业的高管作为研究对象，因此我们所说的私人关系仅限定为BtoB企业高管与客户企业高管之间的私人关系。同时，明确了本研究的三个主要任务：一是研究私人关系数量和私人关系能量对企业绩效的影响；二是研究私人关系对企业绩效的影响机制即私人关系通过私人关系价值这个中介变量来影响企业绩效；三是研究私人关系发挥作用的条件。在此基础上，提出了本研究的理论和现实意义。

最后，我们总结了本研究所采用的实证研究方法和研究流程，明确了本书的主要结构及各组成部分所包含的主要内容，并对本书中所涉及的核心概念进行了界定。

2　文献综述

本章我们将分别对研究中涉及的理论和关键核心概念进行研究回顾评述。首先，我们将本研究所涉及的理论基础进行了回顾，只有坚实的理论基础才能支撑起好的研究，才能有助于形成本研究自己的框架。其次，我们对国内外相关领域的研究进行回顾和总结可以使我们能够站在前人研究成果基础上进行突破、改进和创新。

本研究所涉及的主要概念有私人关系、私人关系价值、企业绩效。第一，我们对于私人关系相关的研究进行归纳、提炼，使私人关系所包含的各方面都明晰化。第二，揭示私人关系与企业绩效之间的作用机制是本研究的主要目的，因此回顾和总结作为中介变量的私人关系价值相关研究对于本研究的进一步开展具有重要意义。第三，我们将结果变量聚焦到企业绩效上来，这一概念既事关企业经营目标的实现也事关本研究目标的达成。

2.1 理论基础

2.1.1 社会网络理论

社会网络理论的基本观点是在社会情境下的人由于彼此之间的纽带关系而以相近似的方式进行思考和行动。经过学者们不断的探索，社会网络理论内容已经得到极大丰富，可以概括为以下几大分支：网络结构观、市场结构观、弱关系力量假设、嵌入性概念、社会资本理论、结构洞理论以及平衡理论等。

（1）网络结构观。传统社会结构构成以社会地位阶层观点为主，这与社会网络学说所持有的网络结构观点是不同的。网络结构观点认为社会关系主体（人或组织）之间存在着客观的联系，这些联系会对关系主体的心理和行为产生影响，这与传统地位阶层结构观是不同的。网络结构观具有五方面特征：一是网络结构观通过个体之间的联系来确定个体在网络中的位置和作用，地位阶层结构观则是通过个体的社会地位和所处阶层来确定个体的社会位置。二是两种观点对个体层次划分的依据不同，网络结构观划分个体所属网络是基于社会关系，而地位阶层结构观对个体社会阶层的划分是基于个体的社会属性。三是网络结构观关注的是个体社会关系复杂程度和表现出的社会行为的兼容性，而地位阶层结构观关注的是个体的身份和社会地位。四是网络结构观主要关注个体从网络中所能获得的社会资源，而地位阶层结构观关注的是个体占有社会资源的多少。五是网络结构观强调的是个体在社会网络中所处的位置以及其获取、分享资源的能力，而地位阶层结构观认为个体阶层地位决定了其资源享受数量和质量。

（2）市场结构观。White（1981）提出社会网络结构决定了市场结构的观点，他认为一方面处于社会网络中的生产和经营主体也在进行相互接触和观察，利用从网络中获取的有价值信息，以制定自身经营策略，如价格策略、促销策略等。另一方面，网络中生产和经营主体之间建立起来的相互信任的关系，有利于互通有无和信息共享，从而在遵守和维护网络规范上达成默契，使得网络关系得以保持。另外，市场和网络规则是在生产和经营主体之间相互交往和暗示过程中形成的，依据这种规则形成的市场秩序并不是纯粹的市场规律，而是一种网络圈子文化。邓杨丰（2014）利用社会网络理论和分析方法对我国银行同业拆借市场的网络结构进行实证研究，分析发现，网络结构中节点之间的关系和主体网络结构地位影响了各银行主体经营行为，进而影响了银行业整体市场结构。张昱昭等人（2019）以社会网络的视角作为切入点，对金融市场中社会网络和投资者行为进行分析发现，通过社会网络信息传播，金融市场资产标的间形成了相互关联的网络结构，同时对投资者决策、学习行为甚至市场质量都有着深层次的内在影响。

（3）弱关系力量假设。Granovetter（1973）提出的弱关系力量假设在社会网络分析理论界产生了重要影响，他认为在社会关系主体（人与人或组织与组织）之间通过沟通和交流产生了一种不同于传统社会学分析中基于个体特征属性的抽象关系的纽带联系，并首次将关系划分为强关系和弱关系，同时指出两种关系类型在各类关系主体之间发挥着不同的作用。同一个群体和组织内部的个体之间的关系是强关系，一个个体与其所在组织之间的关系也是强关系，而不同群体和组织成员之间的关系是弱关系，不同群体和组织之间的关系也是弱关系。他认为由于群体和组织内部个体之间在年龄、受教育程度、职业身份、收入水平、社会背景等社会经济特征上存在较大的相似性，因此这些个体之间容易发展建立强关系；而处于不同群体和组织内部的个体之间由于社会经济特征相似度不高，因此这些个体之间发展起来的关系强度相对较弱。由于群体和组织内部个体之间背景、爱好、习惯存在一定相似性，因此处于强关系中的个体之间信息交流重复性相对较高；而弱关系由于是跨不同群体和组织，这些群体和组织享有的信息和资源都更加丰富，此时弱关系充当了桥梁的作用，使得信息和资源在不同群体和组织间得以流动。Granovetter（1973）通过对美国环境下，求职人员在找工作过程中强弱关系的作用对比研究发现，弱关系比强关系在求职过程中的作用更大。研究中还发现，并不是所有的弱关系都能够发挥桥梁的作用，但发挥桥梁作用的一定是弱关系，这一论断构成了其弱关系理论的核心依据。潘树银和高建瓴（2016）针对弱关系社交网络话题微博进行研究与分析，用实验证明了弱关系社交网络中弱关系的强化的合理性和所需条件。张甜（2019）研究发现随着互联网信息的飞速发展，人与人之间的关系变得越来越“近”，社会网络也随着人与人之间的自由聚合或者分散而变得更为复杂。弱关系通过社群不同成员强大的联系广度在社群的拉新、扩张中发挥出重要作用，而强关系通过社群核心用户之间深度联系在社群后期的活跃、维护方面发挥重要作用。

（4）嵌入性概念。Granovetter（1973）除了弱关系理论外，另一大贡献就是提出了嵌入性的概念。他认为经济活动无处不在，文化、政治、宗教等社会网络中都存在着经济活动，他所认为的嵌入性概念正是指经济活动的社会嵌入。经济活动发生在陌生人之间的可能性较小，而经常发生在熟悉的人之间。弱关系假设强调信息桥梁的作用，而嵌入性概念强调的是人与人之间的信任，这种信任依赖于交易双方长期的接触、交流和了解，因此嵌入性概念间接表明了强关系的重要意义，嵌入性概念和弱关系理论构成了相互补充的体系。林新（2013）从图书馆联盟与社会网络嵌入性之间的内在关系出发，将图书馆联盟社会网络嵌入性分为关系嵌入性和结构嵌入性两种，并全面分析了图书馆联盟社会网络嵌入性的功能和作用。赵文军和谢守美（2011）引入社会网络嵌入性理论，分别从结构嵌入、关系嵌入以及认知嵌入3方面探讨了其与虚拟团队知识共享的关系，并构建了社会网络嵌入视角下的虚拟团队知识共享模型。

（5）社会资本理论。社会资本的概念是由Bourdieu（1986）提出来的，他从资源角度来定义社会资本，把那些能给个人或组织带来利益的资源称作社会资本。Coleman（1988）在前人研究的基础上提出社会资本是个人所拥有的社会结构性资产。社会资本主要存在于群体或组织的关系网络中，它是由构成社会结构的要素组成的，并且通过网络成员之间的沟通和分享获得回报。同时，Coleman（1988）还指出社会资本受到三方面因素的影响：一是网络成员加入的群体或组织数量越多，其社会资本也越多；二是网络成员加入的社会网络异质性越强、规模越大，其社会资本越多；三是网络成员从社会网络获取的资源越多，其社会资本越多。林翔（2011）研究认为，在网络环境下，社会关系形成的社会网络成为一个实际潜在的资源，并从社会资本理论视角出发，指出网络传播具有环境监测功能、社会协调功能以及引导舆论和舆论监督等功能。曹永辉（2013）认为社会资本是包括经济学和社会学在内的个体或团体之间的社会网络、互惠性规范和由此产生的信任，是个人、群体、社会、国家间紧密联系的关系和状态。社会资本在众多领域里扮演了十分重要的角色，具有社会生产力的特点，像人力、物质资本一样能为国家与社会提供帮助和支持。

（6）结构洞理论。Burt 和 Celotto（1992）创造性地提出了“结构洞”理论。结构洞是指一个关系网络中如果存在两个成员之间没有建立直接关系，那么就认为这个网络有洞。结构洞相当于电源开关中的保险丝，在社会网络效率无法提升时，结构洞就是可以再次挖掘和利用的资源。结构洞的作用在于，洞两端的网络成员对网络整体效能提升作用可以叠加，而不重复。据此，社会网络中存在两种人，一种是你认识、别人也认识的人，这种人叫作重复关系人，他们对网络没有增量效益的贡献；另一种是你不认识而别人认识的人，这种人叫作非重复关系人，他们对网络存在增量效益，如前所述此时的网络就存在有洞结构。朱梦然等人（2018）研究指出，结构洞理论及其在社交网络研究中的应用主要集中在结构洞对用户在线参与效果的影响、结构洞对个体表现绩效的影响、基于结构洞的信息传播关键主体识别、结构洞测度指标与算法四个方面。李想（2017）通过对黄金品牌竞争策略的研究，提出了结构洞理论对提高黄金品牌竞争力的作用模型。

（7）平衡理论。Heider（1958）认为正常人都会存在一种追求和谐、平衡状态的需求，据此提出了平衡理论。他指出人们对平衡的关系会表现出满意享受的态度，而对不平衡的关系则会表现出讨厌排斥的态度，当一个人的认知与自身观念存在不和谐、不平衡的关系时，他就会努力去改变认知以适应自身观念系统。该理论还表明，追求平衡、和谐关系的个体，会倾向于组建小团体。朱小丽（2010）通过探讨组织平衡理论在企业社会责任中的运用和组织平衡理论在企业社会责任中的关联指出，企业是人、财、物、信息在一定体制下构建的有机体，体制的构建是保证人、财、物、信息高效运转的基础。

2.1.2 社会交换理论

Thibaut和Kelley（1959）通过对个体保持某一段关系的原因的分析，提出了社会交换理论。该理论建立在对关系行为的经济分析基础上，关系利益减去关系成本即得到关系产出，而关系产出是关系得以存在和发展的基础。按照他们的观点，关系个体对现有关系的满意程度和依赖水平决定了当前关系是否能够持续，因此说关系的形成和发展包含关系个体积极的动机和消极的动机两方面因素，有可能是由于关系个体对现有关系满意而选择留下，也有可能是由于找不到更好的替代关系而被迫选择留下。他们还提出了比较水平和备择比较水平两个概念，通过与关系产出的对比，从而更好地描述个体保持现有关系的原因。比较水平表示的是个体对关系产出水平的期望值，关系个体用其与当前关系产出对比来评价关系的满意程度和吸引力。当实际关系产出大于比较水平时，关系个体会对这段关系表示满意；当实际关系产出小于比较水平时，关系个体就会对这段关系不满意。备择比较水平是指关系个体在对比几个可供选择的关系产出时，其选择保持现有关系的最低产出水平，同样也是供选择关系中最高的关系产出水平。备择比较水平越高，关系个体越容易跳出现有关系到备择关系中；备择比较水平越低，关系个体就越容易保持现有关系。Kelley和Thibaut（1978）再次证明了上述观点，认为关系个体的关系依赖水平受到关系产出与备择比较水平之间的差异的影响：当备择关系的产出比现有关系的产出更没有吸引力时，关系个体对当前关系依赖程度就更高，现有关系就越稳定；当备择关系的产出比现有关系的产出更有吸引力时，关系个体对当前关系依赖程度就更低，退出当前关系的可能性就越大。张彩和严运楼（2019）基于社会交换理论，结合典型案例，论证了政府和社会资本合作模式下医养结合项目的可行性，并分析其存在的问题，提出建立以法律为框架、以监管问责为保障的风险共担、利益共享的政府和社会资本合作的医养结合模式。赵黎鸣（2017）基于社会交换理论，分析企业与政府之间的互动关系，认为企业与政府就如社会交换的双方，企业的政治联系就如一种隐性契约。双方通过这种隐性契约，建立了一种互动关系。

Anderson和Narus（1984）在研究制造商与分销商的渠道成员上下游关系时应用了社会交换理论，研究中他们把比较水平和备择比较水平的评价对象调整为对过去关系的评价，以下游分销商作为调查对象，了解他们对与制造商之间的关系的认识。他们发现比较水平的关系产出会影响分销商对关系的满意度，而备择比较水平则会影响制造商对渠道的控制水平。后续研究中，Anderson和Narus（1990）分别从制造商和分销商两个视角来定义比较水平和备择比较水平，比较水平关系产出是指一个公司将实际关系产出与其期望水平进行比较而对关系产出进行的评价；备择比较水平关系产出是指将实际关系产出与最好的备择关系产出进行比较而对关系产出进行的评价。他们通过实证研究发现，比较水平关系产出越高，越有利于提高关系双方合作水平；而备择比较水平关系产出越高，关系一方对另一方的影响力也越大。Dwyer等（1987）在买卖关系中探查了比较水平和备择比较水平的作用。他们认为买卖关系中的关系利益主要有提高交易效率、降低交易成本等；关系成本主要有维护关系投入、关系束缚等。他们认为在买卖双边关系中，当感知比较水平和备择比较水平相当时，关系是比较稳定的；而当一方感知到的备择比较水平高于另一方时，交换关系就会发生失衡，并造成渠道依赖、渠道权力的产生。赵志鹏等人（2016）从社会交换理论视角出发，分析消费者品牌口碑传播行为，同时阐述了基于社会交换理论的品牌口碑形成及传播的机理。针对品牌口碑形成和传播的机理，提出基于社会交换理论的品牌口碑传播策略，并根据口碑传播的特性，探讨出防范虚假口碑信息的建议。张志荣（2011）从社会交换理论的角度论述消费者与商家的关系，即把消费者与商家互动看成是对其拥有的资源进行互换的过程，对消费者与商家交换关系的特点、形成过程、交换资源的具体内容进行了理论上的探讨。

通过前面对社会交换理论相关研究的回顾可以看出比较水平和备择比较水平两个概念是其理论核心，其中比较水平强调的是关系内部比较，是关系个体将关系产出与其期望水平进行对比的结果，会直接影响关系满意度进而影响关系的持续。关系产出是感知关系利益减掉关系成本的差额，与前面我们提到的私人关系价值概念属于同一范畴；而关系持续就是在买卖关系中所体现出来的推荐、重复购买、溢价接受等，这与消费者研究中的忠诚概念属于同一范畴。由此我们可以推断私人关系价值会影响关系满意度，进而影响关系忠诚。

2.1.3 交易成本理论

Coase（1937）首次提出交易成本的概念，他认为交易成本是交易双方在完成交易过程中所产生的所有成本。此后，交易成本的概念和理论在争议中不断得到完善。

（1）交易成本的概念

交易成本是经济学研究中的基本概念，对这一概念的内涵和外延，经济学界一直存在分歧，这主要是因为不同学者对概念应用范围的界定不同。成本概念既可以指生产过程中所消耗的费用总和，在供给短缺的环境下，也可以从机会成本角度去理解，此时所有生产成本都是机会成本，它由边际效用决定。生产成本的定义主要从客观和主观两个层面来考量，客观上的生产成本主要指生产过程中的实际消耗，这是早期经济学家们的观点；主观上的生产成本主要指生产过程中人员精力和时间的消耗。由于经济学早期研究中更多关注的是生产过程中所消耗的原材料、机器磨损、燃料等物质成本，而没有给予生产过程中人的因素足够重视，忽略了人员体力和智力等非物质成本的因素。从这个意义上讲，传统经济学对交易的定义是不完善的，还需要进一步深入讨论。

Commons（1962）在其所著《制度经济学》一书中正式把交易的概念纳入经济学范畴进行分析。他认为交易是通过转让以获得法定所有权的过程。根据交易主体做出级别匹配类型，他认为主要存在三种类型的交易：第一种交易发生在处于相同级别层次上的交易主体之间，这种交易主要体现为实物交易；第二种交易发生在分别处于上下级不同层次上的交易主体之间，这种交易主要体现为管理交易；第三种交易发生在交易主体与政府之间，这种交易主要体现为限额交易。自此，交易概念的外延和内涵都得到了极大的拓展和丰富。虽然Coase（1937）首先提出了交易成本这一概念，但他并没有对其进行明确的定义，他只是说所有的交易都会产生成本，减少交易中的成本是企业的重要目的和任务。Williamson（1985）在后来丰富了交易成本概念和相关理论，他将交易成本定义为经济运行过程中产生的成本。Matthews（1986）则进一步拓展了交易成本的外延，他将机会成本也纳入交易成本范畴。暴雯（2018）分别对资源基础理论和交易成本理论进行梳理，在此基础上对两者进行了比较。资源基础理论分析的经济学基础是自由竞争市场均衡模型，长期忽略了交易成本的存在。交易成本理论从企业交易的角度对异质性资源进行了扩展，引入了交易成本分析，使得对企业价值创造过程的研究更加完善与科学。因此，在战略管理的研究中，应以资源基础理论为基础，运用交易成本理论进行分析与解释，能得出更为合理的结论。

基于以上分析，我们认为可以从产权和制度两个角度理解交易成本的概念：

①产权角度的交易成本。

按照Commons（1962）的观点，交易是指交易主体之间交换物品所有权的过程，在这一过程中，交易主体之间会针对交换物品产权的边界界定及维护进行多次博弈，以达到双方满意的交易条件，从而促进交易的达成。在这个博弈过程中，会消耗交易主体时间、精力、资金等资源。因此，我们将交换物品所有权转移过程中发生的费用称为交易成本。

②制度角度的交易成本。

在早期经济学研究背景中，当时的社会经济发达程度远不如现在，其社会分工没有现在那么精细，人员专业化程度也没有现在那么高，交易活动也没有现在那么活跃，参加交易的人数也没有现在多，因此交易主体之间一般能够顺利地达成交易。但随着社会物资的丰富，人民需求的多样，客观上要求我们通过细化分工提高生产和经营效率，同时也就伴随着产生了大批量的交易行为。由于交易错综复杂，交易主体能力和水平有限，也就造成交易过程中会存在信息不对称现象，甚至产生一些不规范交易行为。因此，客观上产生了利用市场制度来规范交易行为的需求，在制度制定、制度公示、制度执行中，都不可避免要发生费用支出，这部分费用支出正式成为交易成本的一部分。

（2）交易成本的发展历程

早期制度经济学的代表人物Commons（1962）的贡献在于明确界定了“交易”的概念，并将其纳入经济学研究范畴，同时对交易行为进行了分类。他认为正是无数的交易活动构成了社会有机整体，因此交易是人类活动的基本单元。按照他的观点，充斥于生活各个领域的交易活动正是人与人之间经济关系的体现，这种以财产所有权为交易对象的转让行为就是交易，并将其划分为买卖的交易、管理的交易、限额的交易三种类型。Commons（1962）关于交易成本理论的研究成果对于后续交易成本研究意义重大。Coase（1937）在其代表作《企业的性质》一书中开创性地提出交易成本理论并应用于探讨企业存在的意义。由于价格机制发挥作用是有前提条件的，因此通过市场来决定资源的分配并不总能达到最优，此时通过构建一定的组织体系并由其内部专家来分配资源，可以有效节约市场价格机制运行的成本，这种组织体系就是“企业”，它是价格机制的替代产物。然而企业发挥作用也是有一定范围的，它不能完全代替市场，当通过市场机制完成交易的成本等于由企业来组织交易所需成本时，企业就到达了扩张的边界，此时应该停止扩张。Williamson（1985）扩展了Coase（1937）的交易成本理论，将交易成本理论应用于组织问题的研究中，提出了交易成本理论分析范式。他将交易成本定义为制度结构维护和运行所产生的费用，并称其为“经济世界的摩擦力”。他以合同签订过程为例来分析交易成本的产生。他认为在合同签订之前存在事前交易成本，这主要体现在合同起草、交易谈判和合同条款执行上；在合同签订之后也存在事后交易成本，这主要体现在管理机构的建立和运行、合同条款执行不当导致的纠纷处理等方面。Klein等人（1978）在前述研究的基础上，进一步探讨企业边界问题。他沿用了Coase（1937）“企业是基于节约交易成本的价格机制替代”的这一观点，认为不同的交易类型需要不同的组织结构来支撑，这样才能节约交易成本。也就是说企业和市场之间的相互替代是受到交易和相应的企业与市场结构影响的。Hart和Moore（1990）提出了基于产权的GHM结构模型，试图用精确的方法来分析企业在什么样的条件下运行效率更高。按照他们的观点，专有资产的存在为交易中的机会主义行为提供了生存土壤，从而影响了交易过程的效率。他们提出企业采用纵向一体化的方式来替代市场的方式，是解决专有资产最大化利用的有效方法。杨小凯等（1999）通过研究市场和企业的关系发现，交易成本和交易效率之间存在负相关关系，交易者选择市场还是选择企业进行交易取决于交易效率。当交易效率高时，通过市场交易带来的收益会大于交易成本，这时交易者会选择市场这种交易方式；而当交易效率很低时，通过市场交易获得的收益不足以抵消其成本，这时交易者会选择企业这种交易方式。

（3）交易成本的前提条件和决定因素

①前提条件。

Williamson（1985）提出，有限理性和机会主义倾向是产生交易成本的两个前提条件。传统经济学完全理性的经济人假设受到后来学者们的质疑，他们认为人的理性是有条件的，交易者的信息处理能力和认知能力都是有限的，尤其在市场交易过程中，这种局限性会带来额外的交易成本，从而降低交易效率。交易成本产生的另外一个前提是机会主义倾向，它是指交易者本身所拥有的利用不正当手段为自己谋取私利而侵害他人利益的投机行为倾向。Williamson（1985）还认为，机会主义行为包括不完全披露交易信息、欺骗交易对方等，可能发生在交易前也可能发生在交易后，这种行为增加了交易的不确定性和风险，对交易秩序和交易效率都造成了负面影响。

②决定因素。

Williamson（1985）对交易成本另外一项重要贡献就是提出了一套交易成本分析方法，他按照成本特征将交易成本划分为三个维度：

a. 资产专用性，是指某些固定资产被用于特定交易后就很难再进行转移，此时再进行重新配置会产生利益损失。资产的流动性和转换能力与专用性程度有关。如果其流通速度快，而且转换能力比较强，那么其专用性就弱。在分享经济下，某一商品的使用权限一旦拿到分享平台上被成功地分享出去，那么该商品的专用性就变弱。也就是说，在互联网高度发达的今天，资产的专用性程度与以往相比在下降，交易成本也在下降。另外，分享经济下，商品的拥有者可以同时把该商品分享给多个个体使用。

b. 交易不确定性，是指由于交易本身受到诸多因素影响，因而存在不可预知和不稳定性，会造成交易人员感知风险成本的增加以及为避免不必要的损失而采取措施所付出的成本。在交易达成前的整个过程中，由于客观环境的变化、交易人员主观因素的变化等不确定性因素的存在，都会构成不可预测的交易失败的风险来源，这些不确定性因素的总和构成了交易风险。伴随着交易的进行，不确定性因素会影响交易双方的风险感知水平，进而影响交易过程的相关决策制定，最终影响交易结果。可以看到，因交易不确定性而造成的交易成本的增加，主要是由于买卖双方之间信息不对称导致的。经济学研究表明，信息不对称会带来逆向选择和道德风险的后果。解决信息不对称问题的有效方法除了政府干预外，还有就是通过市场信号，向信息获取方提供担保证明。随着市场经济的不断发展，市场信号表现形式得到了极大丰富，同时互联网络和征信系统的搭建促进了市场信号获取成本的降低，从另一方面也约束了企业不诚信经营行为的发生。另外，移动支付手段迅速普及在一定程度上也降低了交易成本，如交通成本、手续费成本、盗抢风险等。这些新技术、新手段的推广和应用，促进了交易的达成的同时，调动了交易各方参与分享的积极性。

c. 交易频率，是指交易发生在特定时间范围内的次数，为了避免和降低交易波动风险，企业会在交易频繁发生时采取相应措施限制交易发生，此时会发生制度约束成本，它主要体现在制度制定、制度执行、交易流程增加等方面。交易流程的增加，显然会给交易对方造成一定的麻烦，造成时间交易成本的增加，以及交易失败风险的提高。通常意义下，频繁发生交易的标的物品都是市场需求量大的商品或服务，常规状态下企业提供产品和服务能够满足交易需求，当市场需求增加导致交易频率增加时，企业会采取措施抑制需求或延迟满足需求。如外卖餐食服务，在商家闲时的订单会正常满足配送甚至优惠配送；而在商家忙时的订单，企业或平台会采取增加配送费、延迟配送时间、取消优惠等手段以达到抑制需求的目的，减少由于需求不满足造成的客户不满意和客户流失。

作为单个企业来说，它与企业之外的竞争者所构成的市场形成一种互相博弈的关系，市场中所有企业都在追求获取竞争优势，不断扩大企业规模，达到生产的规模效应，降低单位产品生产成本。当这一成本低于市场平均水平时，企业就具有竞争优势，从而继续扩大生产，当企业规模扩张到一定程度的时候，规模效应边际递减直至出现负效应，即规模的增加不再能够降低生产成本，相反会造成成本的增加，这时企业将会停止扩张，因为继续扩张会使企业丧失竞争优势，此时企业的规模处于最佳水平。处于最佳规模水平的企业进行交易时产生的交易费用被称为交易成本，其大概可以分为以下三种类型：

a. 信息搜索成本。任何交易的达成都是具有买卖意愿的双方在合适交易条件下共同做出的决策，这个过程中买卖双方的匹配、交易条件的商定都需要买卖双方或依托第三方进行相关努力。首先，作为卖家如何找到买家，或者让买家更容易找到自己，可以通过媒体广告、人员推销、公关活动、参加展览等方式；作为买家如何找到卖家，或者让卖家更容易找到自己，可以通过市场走访、电话调查、他人推荐、网络搜索等方式。可见，无论是买家还是卖家，要想找到对方都必须付出一定努力，花费一些成本。可见，交易双方对搜索成本降低都有着强烈的需求，而互联网的出现打破了信息沟通时间和地域上的障碍，搜索引擎和第三方交易平台的出现大大降低了买卖双方的搜索成本，企业的广告宣传费用也大大降低。买卖双方都可以按照符合自身需要条件的标准开展精确搜索，大大提高了搜索效率。

b. 交易谈判成本。找到有意愿的合作对象后，还需要达到买卖双方都能接受的交易条件，如交易价格、交易时间、付款方式、交货方式等，买卖双方还要进行多轮谈判磋商才能达成一致，其中也会消耗双方大量资源。传统信息不对称条件下，这一过程往往耗时长且效率低，买卖双方在涉及核心条件上往往会陷入拉锯战，谈判的破裂会导致前功尽弃，需要重新开始搜索和谈判的过程。而且第三方平台的搜索和竞价机制督促企业定价更加透明，降低了交易双方讨价还价的成本。

c. 监督执行成本。买卖双方交易达成后，对于双方能够按照谈判所确定的条件进行货物和资金的交付，需要各自付出人员和其他努力监督对方履约执行，而一旦出现违约情况，由于付诸法律手段容易造成交易破裂且诉讼成本高昂，因此只能依靠双方进一步沟通以达成谅解，其中又会发生沟通成本。第三方平台的出现，代替企业履行了监督执行的职能，降低了相关成本开支，另外，第三方平台的交易评价和信用记录制度也给买卖双方提供了参考依据，进一步督促企业合规交易。

（4）交易成本的应用

①交易成本与企业。Coase（1937）认为正是价格机制的作用促进了企业的出现。Williamson（1985）则认为企业和组织存在的原因就是要节约交易成本。在契约关系中进行的交易，避免不了存在人的主观因素影响，因此受到人的有限理性和机会主义行为倾向的影响，就产生了交易成本。因此我们说，Coase（1937）是基于交易成本研究企业的，Williamson（1985）则是完全相反的研究思路，他是从企业角度出发去研究交易成本的。交易的达成伴随着信息流的价值实现，从搜索到处理，再到分配，每一个交易阶段都依赖于高质量信息的输入以指导企业正确决策，因此企业必须对信息的流动进行管控，以避免企业之间和企业内部的信息不对称和机会主义行为，因此说企业是交易内部化的结果。张五常认为随着企业规模的扩大，企业对生产资料的需求量增加，因此产品产量也会相应增加，进而改变产权关系。

②交易成本、价值与不确定性。消费者对某一商品或服务的评价往往受到多种因素影响，既包括商品或服务本身的自然属性因素，也包括消费者的心理因素。在共享经济模式下，商品和劳务的价值受到分享主体体现创造价值的程度、闲置资源是否稀缺及稀缺程度等的影响。杜家欣（2018）认为共享经济促进了社会闲置资源的再分配，同时也是对剩余产品使用价值的再利用。共享需求的增加促进闲置资源利用率的提高，同时也使要素资源分配更加合理。同时随着共享交易的进行，因不确定性所造成的交易成本也将持续发生，这既包括财务成本也包括非财务成本。因为一件商品或一项服务的好坏既取决于其自身的质量等自然属性，也取决于其满足消费者核心需求之外的心理需求的社会属性，同时还受到消费当时的环境、消费者自身的心理条件等的影响。虽然网络

经济在一定程度上改变了消费者评价的形式和机制，但仍离不开商品和服务本身的价值属性，即商品和服务价值创造能力和其稀缺程度仍是决定其价值的主要因素。但网络共享模式的出现正在打破传统价值衡量机制，社会闲置资源被重新定义和利用，其所具有的天然成本优势促进消费端需求的进一步扩大。另外，现有资源得到重新分配，供给端的资源需求得到更有效的保障。可见，共享模式下同样会受到许多外界因素干扰，这都会导致交易过程中不确定性的发生，从而导致交易成本的提高。

2.2 私人关系

2.2.1 私人关系的概念

私人关系在生活中被称为“关系”，从字面意义上讲，由“关”和“系”两个字组成。“关”最初的含义是一道门，引申为动词关闭，在门内的人是自己人，在门外的人则是外人。另外，“关”也有通路、通道的含义，如“通关”。“系”最初的含义是关联，如“联系”，另外也可引申为动词保持的意思，比如像“维系”中的“系”。将两个字连起来构成“关系”这个词，则含义就丰富了许多，作为名词它既可以指事物之间互相作用和影响的状态，如“总体和局部的关系”，也可以指人与人或者人与事物之间的某种联系，如“父子关系”，还可以指一些事物的证件，如“党关系”。作为副词，“关系”可指对事物的影响或者重要程度，如“没关系”。作为动词，“关系”有关联的意思，如“技术优势关系到企业未来发展”。本书所采用的是关系作为名词的第二层含义，即“人与人之间的某种联系”。

对私人关系的定义，理论界存在两种不同观点。其中一种观点是从关系的本质出发，将私人关系定义为人与人之间的联系，这种关系的建立是需要经历一定过程的，包括关系双方的相识和交往、关系双方的交易和影响，以及交易双方的成本和收益等。还有一种观点则是从社会资本角度出发去定义私人关系，将其定义为一种社会资源，建立私人关系被看作一种社会投资，关系双方通过互动进而进行交换，互相帮助与支持，以达到各取所需的目的。作为一种社会投资，自然也遵守基本的资源定律，即投入越大，产出越大，当关系各方为私人关系的建立和持续投入必要的甚至超额的时间、情感、金钱时，私人关系也会越加牢固，在需要其发挥作用时也能够获得超额回报。但也有学者对社会资本和私人关系之间的区别进行了研究，他们指出社会资本的概念是基于公民社会的研究情境提出的概念，而私人关系则是基于家庭本位社会的研究情境提出的概念，这就造成了两者在成员构成、利益分配、个体作用等方面存在明显差异，所以他们得出结论认为私人关系与社会资本是两个完全不同的概念（翟学伟，2007）。

西方研究中所说的私人关系也就是我们日常所说的“关系”，按照其字面意思可以理解为通过某种方式获得的人与人之间的联系。李春苗（2001）认为私人关系是通过人与人之间的交往形成的对关系各方都有影响的一种联系。Chen和Chen（2013）指出私人关系是人们通过持续合作和利益交换建立的基于互惠义务的联系。因此，私人关系是人们对人与人之间关系强度的总体评价，即人与人之间关系的亲疏远近程度。即便如此，研究者对于关系的理解和阐释仍旧呈现多样化。例如，Weber（1996）提出私人关系就是指血缘关系或比较紧密的朋友关系；Luo（1997）则认为私人关系是人们为获得好处而在商业活动中形成的联系；胡保玲（2008）认为私人关系是企业边界人员与客户之间基于互惠规则形成的凝聚双方情感的友谊；Gold（1985）认为私人关系是企业欲从客户那里获取其想要的东西的一种工具；林南（1990）指出私人关系具有互换资源的功能，它是一种具有公允价值的资源，可以看作一种社会资本；Wang（2014）和Zhuang（2010）的研究证实，私人关系能够为商业活动中的双方带来长期获利机会，延长合作时限。

通过上述分析，我们认为可从两条路径对私人关系进行概念界定：其一，从本质上来看它是一种联系；其二，从结果来看它是一种资源。

2.2.2 私人关系的特点

通过对先前研究的回顾和总结，本书认为私人关系存在以下四个特点：

（1）隐蔽性。私人关系的建立并没有契约、口头承诺等外在形式的体现，而是通过关系主体之间多次沟通、重复博弈后达成的一种默契，因此说私人关系是建立在隐含的承诺和心理契约基础上的，具有一定隐蔽性。

（2）私密性。私人关系主要发生在两个独立个体之间，私人关系的建立和维护往往是依靠关系主体之间私下的、非正式的沟通交往实现的，因此说这一过程是不透明的和复杂的，具有私密性。

（3）传导性。如果两段私人关系之间有共同的一个关系主体，那么除共同关系主体外的两个关系主体非常可能建立新的私人关系，这主要依赖于共同关系主体的引荐，同时取决于共同关系主体从两段关系以及新的引荐关系中能够获得的好处。

（4）功利性。私人关系主体在关系建立之初并不带有明确的功利目的，但随着关系的逐步深入发展，信息、渠道等资源的共享自然成为关系主体维持关系的助推剂和催化剂，没有了利益的交换，私人关系可能会面临破裂的风险。

2.2.3 私人关系的类型

按照不同分类角度，私人关系可划分为不同类型：

（1）按照关系形成的基础不同，可分为情感型私人关系、工具型私人关系和混合型私人关系。Hwang（1987）认为情感型私人关系是建立在满足关系主体情感需求基础上的，主要表现形式是亲属关系和朋友关系等。关系主体在交往时，相互信任多、相互猜忌少，人们表现出较多的真诚，因此，这种类型的私人关系往往稳定性更高，持续时间也更长。具有较为明显的情感型私人关系特征的是好友之间的关系、亲人之间的关系。工具型私人关系是建立在满足关系主体功利需求基础上的，主要表现形式是顾企关系、雇主雇员关系等。关系主体在交往时，以达到经济目标或获得某些资源为目的，当诉求无法满足时，关系会自然结束，因此较为不稳定。混合型私人关系是介于以上两种关系之间的一种关系，主要表现形式如同学关系、同事关系等。关系主体相互熟识，有一定感情，同时相互之间有一定利益诉求，其稳定性介于情感型私人关系和工具型私人关系之间。

（2）按照心理距离的远近，可划分为家人关系、熟人关系和生人关系。杨国枢和余安邦（1993）认为生人关系、熟人关系、家人关系三者按照心理距离是逐步缩短的。家人关系是建立在血缘关系基础上的，这种关系具有天然的稳定性，只讲责任，往往不求回报，因此是心理距离最短、最牢固的私人关系。熟人关系是建立在信任基础上的，这种关系的建立消耗极大，但又极易破裂，这种关系中的主体虽然有一定的回报诉求，但并不要求立即回报，基于相互信任会允许对方延迟回报。生人关系由于主体之间缺少基本的信任，因此他们出于自我保护会要求自己的付出及时得到回报。中国人构建私人关系时，倾向于把熟人的范围不断向外扩大。人们会根据自身偏好或业务需要，选择交往范围和发展私人关系。不同类型的私人关系所需要的维护成本也不相同，生人关系由于联系水平较弱，如果希望从该段关系中获取帮助和支持，就需要投入大量成本以加深该段关系；熟人关系则相对稳定，由于前期已投入大量资源来维护关系，因此在后续的关系维护上只需要适当投入即可达到关系保持和产出的目的；家人关系由于存在天然的联系，这种自然属性决定了关系各方有责任和义务去满足对方的需求，即使是在对方没有投入或投入很少的情况下。生人关系、熟人关系、家人关系随着主观意愿和外在条件的变化相互之间存在动态转换的过程。生人关系会随着投入和交往的增加变为熟人关系，熟人关系某种意义上也有变为家人关系的可能，如婚姻关系。可见，私人关系水平的逐步提高与投入和交往程度呈显著的正相关关系。

（3）按照形成原因的不同，可划分为先赋型私人关系和后成型私人关系。按照Wang（2007）的观点，亲属关系是典型的先赋型私人关系，这种私人关系的形成基础具有先天的条件，往往是基于血缘或地缘因素，由于形成的基础很难改变，因此这种类型的私人关系稳定性较高；先赋型私人关系中，关系主体的人数是有限的，这种关系覆盖范围相对有限；另外这种关系建立的成本相对较低。正是由于先赋型私人关系的独特属性，对于处于初创期的企业来说，利用这种关系可以以更低成本迅速打开市场或获取资源。但是，随着企业的发展壮大，需要覆盖更广的业务范围和更多的资源投入，这时就需要拓展关系范围，这时形成的关系即是后成型私人关系。后成型私人关系是指关系主体之间由于爱好、圈子、需求、性格、价值取向等方面存在共同之处，通过一定的时间、金钱、精力、情感等方面的投入而建立起来的关系。后成型私人关系由于是建立在关系主体之间通过共同努力建立起来的信任基础上的，而这种信任是相对脆弱的，因此后成型私人关系相对不稳定，而且建立和维护成本较高，但其打破了亲情、地域等限制，可以带来更多资源共享。

2.2.4 私人关系的层面

私人关系是一个内涵丰富、构成复杂的概念，学者们主要从私人关系质量出发研究其具体概念构成（如表2-1所示），这对于我们理解私人关系的维度有很大借鉴意义。学术界对私人关系质量的内涵也存在不同的看法，我国较早的研究发现私人关系质量是一个多维的概念，如陈介玄等人（1990）就通过研究提出了自己的观点，他们发现私人关系质量实际上可以从情感维度和利益维度两方面进行考量。Tsang（1998）则研究发现私人关系质量包含更为丰富的内容，它是一个可以从感情、信任、信用和面子四个方面进行考察的多维概念。Fletcher等人（2000）则提出了更为丰富的私人关系质量内涵，他们认为私人关系质量包含了满意、承诺、亲近、信任、热情和爱六个方面。另外后续的学者们则一般将私人关系质量划分为三个维度，如Park和Luo（2001）就指出私人关系质量是一个包含互助、面子和感情的概念；Lee和Dawes（2005）则认为人情、面子、感情三个维度解释了私人关系质量的整体意义；Ramasamy等人（2006）的观点有所不同，他们认为私人关系质量包含了信任、承诺和交流；Wang（2007）则指出可以从回报、面子、感情三方面对私人关系质量进行解释。可见，学者们对关系质量的内涵并没有形成一个统一的意见，但人情、面子、感情三个层面的划分方法得到越来越多的认同。

上述层面划分中面子和感情是提及最多的私人关系质量的两个层面，另外的层面本书归纳为人情。

表2-1　　私人关系质量层面相关研究

作者	年份	维度划分
陈介玄	1990	情感、利益
Tsang	1998	感情、信任、信用、面子
Fletcher、Simpson和Thomas	2000	满意、承诺、亲近、信任、热情、爱
Park和Luo	2001	互助、面子、感情
Lee和Dawes	2005	人情、面子、感情
Ramasamy、Goh和Yeung	2006	信任、承诺、交流
Wang	2007	回报、面子、感情

（1）面子。面子是一个具有中国特色的概念，它既是一个社会概念，也是一个心理概念。有研究认为面子是尊重和认同，面子的形成需要有施与者、接受者和见证者，面子接受者由于有希望他人对其尊重和认同的需要，因此面子施与者地位越高、见证者数量越多，接受者感受到的面子就越大，对其需求的满足程度越高。对于其内涵的研究很早就受到了国内外学者关注，比如鲁迅先生就从一个文学家和社会学家的视角分析了面子在中国社会人情交往中的独特作用。另外，林语堂先生、Hwang（1987）和翟学伟（2005）也都从不同角度审视了面子这一具有中国特色的概念在不同领域和场合的作用。Arthur Smith（1894）就指出要想对中国人、中国事有更深入的了解，那么面子问题就是揭开这些疑问的关键。Yau（1988）认为得到面子鼓励后，个人会表现得更加符合社会角色，从而赢得圈子内人们的喜爱，这使其更加有面子。另外，圈子成员之间面子需求的满足，可以有效减少圈子矛盾，增进圈子成员之间的融洽。成中英（1996）从社会层面和个人心理层面两个角度出发给面子进行定义，认为面子既是外界给予的尊重，同时又是自我感知的社会形象。Begley和Tan（2001）通过对比亚洲和欧洲国家的商业行为发现，面子能够带来他人尊重，而丢面子会让人感到羞耻。尹丽等（2003）通过对比中西方社会成员的社交行为和心理发现，中国人对丢面子感知更强烈。宝贡敏和赵卓嘉（2009）认为面子和人情会产生化学作用，二者相互促进、相互影响。面子在熟人之间既是一种担保，也是

一种利益交换手段。当然，面子的产生和作用发挥也需要具备一定条件，首先要有施与者、接受者、见证人三个角色。其次，面子施与者和面子接受者之间关系越亲近，面子施与者权力越大、社会地位越高、越受人尊重，同时见证面子施与过程的人越多，那么此时施与者对接受者的积极评价给接受者带来的面子就越大，同样消极评价带来的贬损对接受者的打击也越大。

（2）感情。感情的概念在中国文化情境中往往会与私人关系质量混淆，我们会认为感情好就等同于私人关系好，但实际上私人关系是一个包含感情在内的更丰富的概念。Yang（1994）认为感情是一种心理承诺，它是在长时间的接触、交往过程中实现的。我们经常用感情来区分不同的关系，如家人之间的亲情、同学之间的友情、夫妻之间的爱情等。Wilson和Jantrania（1995）研究发现在商务交往中，买卖双方之间的感情有利于双方达成一致、减少机会主义行为和提高相互信任程度。Chen和Chen（2004）指出感情是私人关系质量的重要标志，感情越好意味着私人关系质量越高，因此，沟通感情对于建立和发展私人关系至关重要。Yen等人（2011）研究发现人们会在合作和交往过程中相互表达善意，经过长期良性互动而产生感情。

（3）人情。西方社会文化情境中虽然没有“人情”这一概念，但我们可以找到与其相似的说法，如“favor”一词就有帮助、恩惠、偏爱的含义，与人情的概念基本一致。人情的产生和发展有其独特的方式和规则，给予人情和接受人情在交往或交易过程中需要遵守相应的社会规范，如接受人情必须给予回报；给予人情后并不是马上就会得到回报；回报的人情要大于或不能低于接受的人情等。可见，人情的处理体现的是人际交往的艺术和能力，不遵守人情法则会被认为是不值得交往的、不值得信任的，人情的良性循环一旦被打破就很难再去修复，一个违背交往规范的人往往会被排斥在关系网络之外。由于研究视角不同，学者们对人情所下的定义不同，Hwang（1987）认为人情是指亏欠他人的恩惠，以及因此而采取的回馈对方的行动，这一定义得到学术界的广泛认同，其他学者在此基础上对人情概念进行了发展，如Shi等（2011）认为人情是在保持对等的社会规则指导下，在他人需要时的一种情感反应。

2.2.5 私人关系相关理论

（1）面子-人情理论

该理论是Hwang（1987）建立的，他用关系主体之间对资源支配权力的不同来说明私人关系发挥作用的机理。作为资源支配者，其在关系中也起着支配性作用，而资源请求者则扮演着配角。无论资源支配者是否给了资源请求者面子，即分配给他请求的资源，作为请求者，为了获得必要的资源，都会努力对资源支配者做足面子功夫，以此来增进私人关系。资源支配者尽管处于关系支配地位，但其资源也是有限的，他必须在不同请求者之间进行合理分配。Hwang（1987）认为资源支配者会根据私人关系类型决定自己的分配策略。对于情感型私人关系，资源支配者往往会遵循需求原则去分配，即满足请求者大部分需求，如果此时感情使资源支配者陷入困境，出于面子因素考虑，其不得不对亲人的诉求提供帮助。对于工具型私人关系，资源支配者往往会根据公平法则去分配，即依据请求者与支配者之间关系紧密程度，或者请求者给予支配者面子的多少，做出相应的资源分配决策以实现资源效用的最大化。

（2）差序格局理论

差序格局理论是我国著名社会学家费孝通（2008）先生在其《乡土中国》一书中明确提出来的。费老先生认为，人际关系的格局就好像把一块石头丢在水面上所发生的一圈一圈推出去的波纹，我们每个人都是处在几套波纹的中心，也都处在相互关联的几套波纹的不同层面上，一套波纹构成一个圈子，不同波纹会有交叉，波纹波及的个体都会与我们发生联系，这种人际关系格局称为“差序格局”（见图2-1）。

从图2-1中我们可以明确，M表示处于差序格局中心的个体，A、B、C分别是处于差序格局不同层面的与M有联系的三个个体，R_1、R_2和R_3分别表示A、B、C与M关系的亲疏程度，线段越短表示个体之间距离越近，关系越紧密。采用这一形象比喻，很具体地反映出人际关系的关键构成要素：自我中心、尊卑顺序、网络边界和由此产生的内外差别。

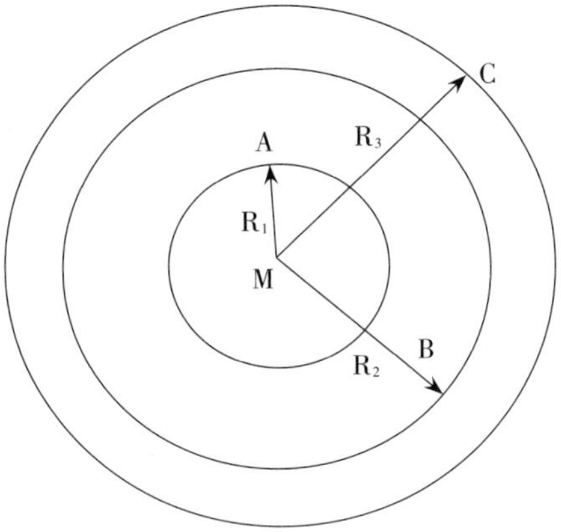

图2-1 差序格局示意图

2.2.6 私人关系的作用

私人关系广泛存在，其所带来的影响也是多方面的，学者们对此进行了深入的研究，具体可概括为以下几个方面：

（1）私人关系与企业绩效

政企关系是一种能够帮助企业解决发展问题的私人关系，因此企业会致力于建立和维护这方面的关系，以便为企业获得许可便利、政策信息等好处。私人关系与企业绩效之间的关系和影响机制不断受到学者们的注意。尤其在中国，利用关系来做生意是人们固守的传统（Dong et al.，2013）。但随着时代变迁，关系的作用似乎也在改变（Wu和Chiu，2016），有人认为关系的重要性日益增加，也有人认为关系不再那么重要，甚至会有消极作用。Gold等（2002）研究发现随着改革开放的推进，市场在经济发展中的决定性作用越来越大，政策导向鼓励企业充分竞争、公平竞争、自由发展，这种形势下私人关系对企业发展的作用在逐渐减弱。Gu等（2008）研究发现，企业绩效的提升，一定程度上取决于企业管理者和边界人员的私人关系网络。诸多企业家也都表达了类似的观点，认为私人关系能够给企业带来利润。陈霞等（2018）以中国上市公司独立董事和CEO为研究对象，对其私人关系同时进行广度计算和强度计算，探讨私人关系作用下的公司绩效情况，结果显示私人关系程度越深，企业绩效越好。但对此也存在不同声音，Barnes（2015）

认为私人关系建立和维护所消耗的时间、精力、金钱等成本可能已经抵消了其所能带来的利润，因此私人关系不一定能够提高企业绩效。的确，很多企业会有很多不必要的支出以承担所处私人关系中所要求的义务或请求，同时私人关系某种程度上会超越企业和社会规章制度，降低了企业管理运营效率，不利于企业长期发展。

私人关系对企业绩效的影响方向大家并没有达成一致，有学者就此进一步研究发现，这种影响是有条件的，在不同环境条件下，私人关系对企业绩效会表现出不同的影响方向。Hung、Gu和Tse（2005）通过对广告行业的研究发现，竞争强度负向调节私人关系对企业绩效的影响。竞争强度高的行业或领域特征比较明显，往往企业之间会大打价格战，不计成本开展宣传促销，新品层出不穷，由于进入壁垒低，企业之间获得竞争性资源的途径基本相同，获取相似资源的手段较多，因此企业没有过多资源投入到私人关系维护中，同时替代性的资源获取方式的存在也降低了企业对私人关系的依赖。Gu、Hung和Tse（2008）研究发现，技术迭代速度也对私人关系和企业绩效之间有负向调节作用。在一个技术更新迭代速度快的行业中，企业必须将精力集中在技术开发和产品研究上，在私人关系建立和维护上资源分配数量较少。另外，在高新技术行业中私人关系所能发挥作用的领域有限，与其他因素相比，其对企业绩效的影响作用不大，因此随着技术迭代速度的加快，私人关系对企业绩效的影响逐渐减弱。Park和Luo（2001）研究指出，企业的业务发展导向会影响私人关系在企业经营管理发展中的作用。他们认为创业导向型企业由于经营发展中面临的不确定性较多，因此管理层会更加注重利用私人关系化解经营风险。当然私人关系也不是在所有场合都发挥积极作用，例如对于那些处于快速发展变化的市场中的企业来说，利用私人关系开展业务往往会限制企业的发展空间和发展机遇，降低企业运转效率，在这种情况下私人关系对企业绩效会产生负面影响。所以创业导向型企业应做好私人关系管理，不盲目相信私人关系，同时也要充分挖掘私人关系价值。这主要是由于，一方面，创业导向型企业风险偏好程度高，通过尝试新技术、新产品、新理念实现市场领先，利用私人关系恰恰能够为企业赢得稀缺资源、政策福利、市场机会等；另一方面，创新求发展的业务模式决定了创业导向型企业经营中面临的风险点更多，良好和广泛的私人关系可以成为企业的“护城河”，提高企业应急能力。尤其是政企关系对于创业导向型企业价值更大，良好的政企关系可以为创业导向型企业争取到更多更好的发展机会，提供更及时、更有价值的市场和政策信息，为企业提供适当保护。所以说，相对于保守导向型企业，私人关系对创业导向型企业意义和价值更加明显。

（2）私人关系与企业能力

Gu等人（2008）将企业能力分为渠道能力和反应能力，他们研究发现，运作良好的私人关系对于提高企业渠道能力和反应能力具有积极的作用。

渠道能力是指企业通过对销售渠道的选择、布局和运维，以达到将产品和价值有效传递到终端目标客户的能力。渠道能力要求企业具有全面的渠道布局、高效的物流响应配送系统、高水平的渠道协调管理能力，因此是构成企业核心竞争力的关键一环。与渠道商建立业务往来之外的良好私人关系有助于提高渠道商对企业的认知度和信赖感，形成双方共同的价值观和交易规则，从而有利于企业与渠道商有效开展合作。私人关系的存在润滑了企业与渠道商之间的交易过程，降低了交易成本，同时渠道商的蓄水池作用有效抵御了由于市场环境变化给企业造成的经营风险，另外良好的私人关系提高了企业对渠道商的管控水平。

反应能力是指市场环境发生变化时，企业做出响应的速度和有效性。在高不确定性市场环境中，企业的反应能力直接决定了其竞争的成败。尤其在目前的经济转型期，市场环境瞬息万变，随着创业创新和供给侧结构性改革政策的逐步落地，产业升级改造逐步加快，市场机会稍纵即逝，私人关系可能会帮助企业提前获得相关信息、资源、政策，从而快速有效应对市场变化。一方面，降低了信息获取的成本和速度。利用非正式渠道如私人关系往往可以在第一时间先于竞争对手获得更高质量的信息，这是对前期关系投入的一种回报，信息提供方可能会主动或变相为企业谋利，信息搜索和获取的成本一般是比较低的。另一方面，提高了企业对政策解读的准确性。良好的政企关系有利于企业更好地掌握政策方向，抓住政策要点，获取政策红利，这都得益于政策制定者以非官方方式对企业进行的指导和帮助。

（3）私人关系与渠道控制

庄贵军和席酉民（2004）研究指出，发生冲突的渠道成员之间会相互产生不信任，甚至会推卸责任、相互指责，此时强制性战略就成为双方的首选战略。还有学者研究指出，当上游生产厂家同其渠道成员之间拥有较好私人关系时，制造商会倾向于使用非强制性战略与渠道商交往，而很少使用强制性战略。庄贵军、李珂和崔晓明（2008）认为，在营销背景下，企业人员的私人关系会对企业与渠道合作伙伴共同解决问题有积极的推动作用。在技术、经济和社会处于变革时期，企业所在的政治、经济和商业环境充满了不确定性，这种不稳定的外部因素增加了企业的经营风险，并影响着企业的发展战略，因此，企业需要联合渠道合作者采取共同解决问题的方式。无论企业的私人关系是情感型的还是工具型的，它对渠道合作者的积极影响和正向驱动，都能够使共同解决问题机制更好地发挥作用。张涛和张闯（2018）以渠道投机、私人关系与信息系统为基础，研究发现：在分销商投机较多的情景中，私人关系比 IT 资源更能有效促进制造商与分销商共同制订计划与共同解决问题；在分销商投机较少的情景中，IT 资源要比私人关系更能有效促进双方共同制订计划与共同解决问题。继而，夏春玉等（2020）结合中国本土语境，遵循传统文化伦理和市场经济伦理的引导，在边界人员私人关系能够抑制渠道投机行为基础上，探讨了如何增强渠道治理效果的问题。该研究发现，在受儒家思想影响较深、市场化水平较高的地区以及在企业领导对边界人员支持力度较大的企业中，私人关系抑制投机行为的效果会增强，且随着市场化水平的提高，儒家思想影响增强私人关系对投机行为抑制作用的效果愈发明显。

（4）私人关系与依赖性

在常规交易中，由于买卖双方对于市场资源、产品专业属性和供求状况等信息缺乏足够了解，因此在交易过程中会互通有无，形成相互依赖的关系。目前研究中对于依赖性的评价从关系本身和其所能带来的资源两方面着手，关系本身的评价包括关系对方替代难度、关系维护成本等方面，关系资源的评价包括资源数量、资源质量、资源重要性等方面。私人关系的存在为买卖双方提供了一种安全轻松的交易氛围，增进了双方之间的依赖，Heide（1994）指出买卖双方之间私人关系水平的提升，依赖于各方交往过程中时间、精力、资金等资源的投入，投入越大所产生的机会成本越高，期待获得回报的愿望越强烈，双方的依赖感就越强。王进（2018）认为，营销渠道中处于依赖劣势的企业为了获取必要的资源，应鼓励边界人员与对方建立私人关系，而且，这种良好的私人关系可减少优势企业的机会主义行为。Lee等（2001）研究认为买卖双方之间的依赖性与私人关系之间存在正向相关性。

（5）私人关系与忠诚

科特勒将忠诚定义为消费者再次购买的行为意向。忠诚的消费者一般认为可以给企业带来四方面好处：重复购买、交叉购买、溢价接受和口碑宣传，无论四个方面哪一项好处得以实现都会增加企业的收入；另外，忠诚消费者的维护成本往往较低，相对于获取和保留一位新顾客，维持老顾客的忠诚投入产出比更高，因此企业会不遗余力地开展客户忠诚计划，以保持忠诚客户的活跃度。从消费者角度来看，消费行为或交易过程除了能够满足其功能性需求外，与销售人员的接触一定程度上也会满足其心理需要和社会交往需要。交易过程中销售人员的热情、称赞、帮助、恩惠有助于建立与消费者之间的长期关系，作为交易一方的消费者在享受到另一方的好处后，会产生回报的意愿，从而更加积极地购买公司产品，或向周边圈子推荐公司产品，从而实现了一名忠诚客户的价值。有学者就研究发现交易过程中的私人关系所产生的社会价值对客户忠诚具有显著提升作用（Hennig-Thurau等，2002）。

（6）私人关系与机会主义行为

通常在渠道合作过程中会发生机会主义行为，它是指渠道成员为了个人利益获取，而损害其他渠道成员利益的行为。渠道成员合作的理想状态是相互之间充满信任和依赖，但实际情况往往是存在一些抱有侥幸心理的渠道成员为了一己私利采取投机取巧的行为而对渠道关系或其他渠道成员造成不利影响，尤其是在经营环境不确定性高、渠道成员对关系投入少、渠道成员之间信任程度低等情况下，机会主义行为发生的可能性高。但是，私人关系往往建立在互惠基础上（Qian et al.，2016），双方有意维持长久合作，并寄希望于获得预期回报，而且，长时间合作会加深彼此的了解，提高自身对未来行为的预测准确性（Shen et al., 2019），这将有助于提升合作双方之间的信任程度，进而减少投机行为。张闯等（2016）从中国本土文化视角切入，以契约型农产品渠道为背景，实证检验了农户与企业渠道管理人员间的渠道关系对农户投机行为的抑制作用。寿志钢等（2018）认为企业边界人员的私人关系既可能抑制也可能促进企业间机会主义行为，案例研究发现，当企业内部激励较为公平或企业所处制度环境较好时，私人关系会抑制企业间机会主义行为；反之，则可能通过放松企业层面的监督和控制促进交易对象的投机行为。

（7）私人关系与结果之间的调节变量

目前，现有研究对私人关系发生作用的条件分析还不充分，所涉及的相关调节变量主要有卷入度和企业一致性。卷入度的概念是Zaichkowsky（1985）提出的，他认为当一个人认为某项事物能够满足其自身需要而对其产生兴趣时，这个人就是高卷入的。因为私人关系可以为消费者带来更及时的产品信息、更优惠的促销活动、个性化的贴心服务等好处，所以，更关注服务质量的高卷入度顾客更愿意利用私人关系获得更高水平的服务，进而降低遭遇劣质服务的可能性，会持续产生购买行为。另外一些顾客对获得高质量服务并不感兴趣，他们对交易的卷入程度较低，因此私人关系对顾客忠诚影响较小。因此，卷入度正向调节私人关系与顾客忠诚之间的关系。

企业一致性是指服务人员态度、行为方式和技术能力相似程度（Palmatie等，2008）。在消费者接受服务过程中，会接触到企业不同职能岗位的员工，如服务人员、收银人员等。这些人如果接受过企业标准化的培训，严格遵守企业的各项规章制度，那么其所表现出来的行为、态度、气质、能力等方面会有一定程度的一致性，以达到企业的质量标准要求，这时消费者感知到的企业一致性水平也较高，会将其所见所感作为一个整体来看待，形成对公司的整体印象。另外，这些消费者会将不一致行为归属于个体，他们对服务人员个人的信任程度更高，此时客人具有极低的整体作用，忠诚的影响更大。因此，企业一致性正向调节私人关系与顾客忠诚之间的关系。

2.2.7 私人关系的前因

有不少学者对私人关系影响因素进行了研究，本书进行了如下总结：

（1）决策不确定性

当决策制定者所掌握的信息不充分，对决策的结果无法预计，且对决策结果信心不足时，就认为其面临着信息不确定性。这种情况常发生在企业的生产经营过程中，因为政策、市场等环境在不断发生变化，管理层的每一个决策都是在冒险中做出的，因此，企业会有获取充分信息和得到政策保护的需求。在这种情况下企业管理层会去寻求利用私人关系为企业发展赢得时间、机会和资源。所以，当企业面临的决策不确定性越高时，私人关系越有可能发挥重要的作用。

（2）感知相似性

拥有相同的标签往往是私人关系建立的前提，比如有共同的爱好、共同的学习经历、相似的脾气秉性等，这些相似点有助于开展和深入人与人之间的沟通，从而建立联系和发展关系。同样，在商业往来中，存在某些相似性的交易双方更容易产生共鸣，更容易相互理解、建立信任，从而达成交易，而且随着交易双方感知到的相似性不断增强，双方之间建立长期牢固关系的可能性也就越大。

（3）冲突处理技能

了解客户需求和满足客户需求是企业生产经营活动永恒不变的主题，但这并不意味着要一味地讨好客户，现实中很难避免出现买卖双方的冲突。这种冲突处理不当就会面临客户流失，甚至负面口碑的产生，对企业造成的损失很大，而处理得当则会激发客户深度的信任和忠诚，因此，这种冲突处理技能对企业尤其是前端服务人员来说至关重要。中国情境下，消费者一度面临权益保障不足、诉求渠道匮乏的窘境，并逐渐对这种冲突形成了免疫，选择用沉默来解决冲突，而很少采用正面沟通的方式。这就对企业提出了更大的挑战，要求前端服务人员能够识别那些潜在的冲突，并及时采取必要措施解决冲突。也就是说，他们既要解决问题也要给消费者留足面子，这样才能转化危机。所以，当企业冲突处理技能越强时，买卖双方建立良好关系的可能性越大。

（4）满意和信任

在一段商业关系建立之前，买方的消费体验好坏是先决条件。如果买方的消费体验差，对产品或服务不满意，大概率不再继续这段商业往来；如果买方的消费体验好，对产品或服务满意，则很有可能继续选择与卖方进行交易。随着交易次数的积累，卖方展现了一致的高标准产品和服务，买方获得了持续满意的购买体验，因而对卖方产生信任，双方之间能够打开心扉，沟通交流更加顺畅，这样有助于买卖双方之间关系的建立。而且，随着买方满意度和信任水平的提升，买卖双方建立和发展关系的可能性就越大。研究发现，当消费者对服务人员提供的服务满意，并对服务人员产生信任时，双方的沟通更加融洽，双方的私人关系质量也更高（Palmatier等，2007）。

（5）服务质量

服务质量是一个相对的概念，指消费者感知到的服务水平与其期望的服务水平之间的差距。这种差距越大，服务质量就越低；差距越小甚至感知服务水平超过期望服务水平时，服务质量就越高（Cronroos，1982）。对于服务质量的测量，学者们开发出SERVQUAL量表，从可靠性、反应性、专业性、有形性、移情性五个维度去考察服务质量（Parasuraman等，1985）。五个维度各有侧重，其中可靠性是指正确并且可信赖的履行服务承诺的能力；反应性是指响应客户需求的意愿和迅速做出反应的能力；专业性是指服务人员对产品知识的了解程度和严格执行服务标准的能力；有形性是指实体设施、服务人员以及文字材料等视觉识别系统的美观和便利程度；移情性是指为客户提供个人化服务的意愿和能力。

（6）诚实守信

遵守承诺是一项基本行为准则，也是一项基本道德规范，是社会、经济生活得以正常运转的基本规则。一旦信用准则失灵，社会经济活动将无法持续，不守诺、不诚信的人会被他人所唾弃，被贴上言行不一致的标签。“诚实”就是说实话，办实事，不弄虚作假，不隐瞒欺骗。诚实守信的人容易得到他人的接受，其行为容易预测，随着其人际关系网络的扩大，其所得到的认可程度也越高（成海清，2007）。

2.3 私人关系价值

现有私人关系价值的研究大多从西方的关系视角出发进行探讨。私人关系价值作为管理学中的概念，是在传统顾客价值和交换理论基础上发展起来的一个新的研究领域。顾客价值理论领域的先驱者 Woodruff（1997）对顾客价值概念的发展进行了有益的总结和归纳，并利用实证研究的方法考察了影响顾客价值的主要因素以及顾客价值为企业带来的影响，这也成为后续私人关系价值相关研究的基础。Payne 和 Holt（2001）基于顾客价值理论，对私人关系价值的概念进行了界定，同时结合了市场模型，确定了私人关系价值的管理框架，并通过实证研究发现，企业同顾客建立起来的长期关系能给企业和顾客带来价值，且该价值随着时间的推移和外界环境的改变而变化。

目前，企业与客户之间的私人关系价值是私人关系价值研究领域的主要内容，但分为不同的研究角度。例如，从客户角度来看私人关系价值，相关研究主要致力于解决企业如何为客户创造价值，以及如何让客户能够感知到企业所提供的价值；从企业角度来看私人关系价值，相关研究主要致力于发掘企业绩效的驱动因素，指导企业通过开展客户关系管理实现对客户终身价值的挖掘，达到较高水平的客户管理投入产出水平；从顾企双方互动角度看私人关系价值，相关研究主要致力于解决企业如何通过建立关系网络和联盟等实现价值创造和增值。

2.3.1 私人关系价值的定义

由于在中国文化场景下对于私人关系价值定义的研究还相对较少，因此，此部分内容从西方关系的视角对私人关系价值的概念进行回顾。对私人关系价值概念的探讨一直是学术界的主流话题，学者们为了在这一概念上达成一致做出了不懈努力。从企业与企业之间关系视角去研究私人关系价值概念的相对较少，尤其缺乏足够的实证研究来支撑

（Wilson和Jantrania，1994）。但从企业与顾客之间关系视角去研究私人关系价值的相关理论和实证研究较为丰富，对私人关系价值概念的构成、影响因素和影响结果都进行了有价值的探索。有学者将私人关系价值定义为顾客对私人关系的感知价值，且私人关系对双方都是有价值的。在这一逻辑下，有学者从企业视角研究了私人关系价值，并把它定义为客户终身价值的折现值，即客户存续期间通过重复购买、交叉购买、溢价接受、正面口碑等可能给企业带来的利润现值。正是基于忠诚顾客价值的可持续性质，理论和实践界越来越倾向于将这部分忠诚顾客作为企业一项资产进行管理，客户作为企业一项无形资产正成为企业打造竞争优势的一块重要版图。因此，企业在进行客户关系管理过程中，要注意对客户购买行为进行分析，对关系主导型交易和产品主导型交易要区别对待，重新审视不同类型交易行为的长期意义。Gronroos（1997）较早提出了私人关系价值的概念，他认为客户终身价值的挖掘很重要。产品和服务本身所传递的价值在弱化，反而那些附加价值对于关系的维系和发展作用更大。当然，建立和维持关系同样需要付出时间、精力和金钱成本，这主要发生在企业提供的核心产品或服务之外的附加产品和服务上。

从顾客视角出发对私人关系价值进行定义，可以说它是顾客从该段关系中所能感知到的所有关系收益减掉其维持该段关系所需付出的所有成本。然而私人关系是一个双方的概念，对关系主体都存在价值，因此也有学者从企业视角对私人关系价值进行定义，这时私人关系价值是指顾客在关系保持期间给企业创造的利润的净现值。可以看到，越来越多的企业将客户关系作为企业的无形资产进行管理，因为这些客户尤其是大客户、重点客户，的确为企业带来了其想要的利润和竞争能力，客户可能并不在意产品或服务本身，是背后的良好私人关系促成了交易。

2.3.2 私人关系价值的维度

由于在中国文化场景下对于私人关系价值维度的研究比较少，因此，此部分内容将对西方视角下私人关系价值的维度进行综述。目前，学术界对私人关系价值的维度划分并没有一致性意见，有的研究中将私人关系价值作为一个单一维度的概念进行测量，将其视为顾客对关系得失的总体评价。另外一些研究则把私人关系价值作为一个多维度概念来测量，其维度划分方法主要有以下几种：

（1）基于价值的维度划分。这种方法是在对价值概念维度划分基础上进行的，Wilson和Jantrania（1995）的研究中将私人关系价值划分为经济价值、行为价值和战略价值三个维度，其中经济价值是指由于关系的存在给双方交易所带来的成本节约、效率提高等好处；行为价值是指关系的建立提高了双方的信任、强化了双方的纽带联系、增进了双方文化互动等；战略价值是指关系的建立有利于关系各方竞争实力的增强。Biggemann和Buttle（2002）则将私人关系价值划分为个人价值、财务价值、知识价值和战略价值四个维度，其中个人价值是指关系双方互相信任、互相理解、互相支持的行为，如客户会为企业发展建言献策，会向别人推荐企业产品或服务；财务价值是指该段关系能够为企业或客户带来的经济利益，如销量的增加、效率的提高等；知识价值是指关系所能带来的信息、政策、文化等方面的价值增值；战略价值是指关系的建立有助于企业减少对未来不确定性的预期，降低风险感知成本。

（2）基于利益和成本的维度划分。这种方法是从私人关系价值的两个方面即收益和成本出发，分别对这两方面进行进一步维度划分。Ravald和Grönroos（1996）通过对BtoB企业之间商业关系进行实证研究发现了关系利益可以从安全性、可靠性和连贯性角度进行全面的解释，关系利益的增加有助于客户忠诚度的提高；而关系成本可以从直接成本、间接成本和心理成本角度进行解释，他们将直接成本定义为关系建立所需要耗费的成本；间接成本是指为了弥补产品缺陷或服务不足而挽回关系所产生的成本；心理成本是指关系中供应商过度关心造成的客户心理压力。Lapierre（2000）通过对高科技企业客户关系管理行为进行研究，也分别从关系利益和关系成本两个维度去定义私人关系价值，其中关系利益可以从产品利益、服务利益和关系利益角度进行解释；而关系成本包括价格成本和过程成本两个维度。Eggert和Ulaga（2002）则通过对制造行业上下游企业之间的关系进行研究发现，关系成本可以从价格成本和过程成本角度进行解释；社会利益、共享利益、知识利益、服务利益、产品利益构成关系利益五个维度。

(3)基于交互层次的维度划分。Mandjak和Durrieu(2001)认为企业正是出于获取商业价值的目的才会去建立和拓展关系，不能创造价值的关系对企业来说没有意义，这种价值可分为经济价值和非经济价值两方面，又可以划分为情景价值、关系价值和网络价值三个维度，其中情景价值维度体现的是私人关系价值中的经济属性，关系价值和网络价值维度体现的是私人关系价值中的非经济属性。另外，从关系角度来看体现的是创造价值的过程，从网络角度来看体现的是分享价值的过程。各个层面的关系上都存在着经济与非经济价值，并且随着关系的推进而发生变化，在情景层次上经济价值体现得更为明显，是关系的主要驱动因素；在关系和网络层次上非经济价值体现得更为明显，是关系的主要驱动因素。

①情景层次的价值。在情景层次上，产品、服务等经济性的价值是主要驱动因素，关系主体主要从价格、功能、响应时间等方面去对私人关系价值进行衡量。

a.产品利益。关系建立的基础是企业之间的交易，而交易的目的是获取彼此不具备的产品或服务，因此，企业提供的产品或服务是影响私人关系价值的关键因素。Anderson等(1994)认为上下游企业之间产品线的互补是双方关系建立的前提，在此基础上的合作有利于关系主体各方产品或服务价值的增值，或降低成本，或提高效率。Lapierre(2000)指出产品价格是关系主体对关系成本的最直观感知，关系的建立提高了关系主体信息透明程度，同时提高了关系主体议价能力。Wilson和Jantrania(1995)认为除了上述好处外，下游企业由于关系的建立增进了双方信任而采取大批量购买的形式，一方面为上游企业提高周转率提供了便利，另一方面降低了自身的购买成本。

b.服务利益。相关研究发现服务的可靠性、响应性、移情性等维度直接影响了服务接受者对服务价值的感知。由于有形产品和无形产品之间的界限越加模糊，服务已经成为核心产品外最具附加价值的因素，其影响可能超过了核心产品的作用，尤其在产品同质化严重的领域。Lapierre(2000)认为服务是影响客户感知价值的关键因素，通过提供可靠的、及时的、个性化的服务，直接影响客户的产品体验，从而间接影响其对价值的感知。

②关系层次的价值。企业通过开展生产经营活动，创建、维护和发展与利益相关方的关系，增进企业与各方的互动与合作，在这个过程中伴随着企业资源的投入，同时也伴随着价值的创造和分享。关系各方在这一过程中获得了所需的资源、信息、机会等，关系处在一个良性运转过程中，降低了各方对未来不确定性风险的感知，同时也降低了企业交易成本，其所带来的私人关系价值将成为企业管理经营战略目标实现的保障。商业往来关系的建立不但可以增强关系各方资源共享和信息互通，也使合作方有信心应对市场变化，在经济性活动中混杂着社会性活动，起到了润滑剂的作用，使经济性活动更加顺畅。合作伙伴之间长期的交易和往来有助于双方价值目标的实现，其对各自的战略意义得到战略联盟理论的支持。除了私人关系价值本身，附加价值在总体感知价值中的重要性也得到学者们的证实。有学者通过对BtoB企业商业关系行为的跟踪研究发现，随着关系双方之间沟通往来的频繁，关系的日益增进，企业之间的交易也变得越来越简单，交易条件不再苛刻，交易程序不再死板，交易过程更加透明，交易结果更加可预知，交易成本得到明显降低，核心产品之外的附加价值影响了合作伙伴之间对该段合作关系所带来价值的总体评价（Ravald和Grönroos，1996）。另外有研究指出，商业关系的建立、维护和发展过程同时也是一个价值创造和分享的过程，在此过程中关系双方各取所需，可以以低于常规途径的成本获得比常规途径更加及时、更加准确的信息和更加宝贵的资源，从而服务于企业经营战略（Anderson，1994）。这些长期保持的商业关系所能带来的价值和利益可以称作战略关系利益，比如长期关系可以为新产品的开发赢得更多时间，可以提高企业对市场变化的应变能力，可以增强企业非技术竞争优势等。企业之间关系的主体往往是企业边界人员或高层管理人员，不同层次的关系主体可以带来不同的私人关系价值，据此我们将关系层次的价值分为企业之间的战略价值和人员之间的个人价值。

a. 战略价值。制造商与供应商之间建立长期合作关系对于各自市场目标的实现和竞争优势的打造具有重要作用，一是制造商与供应商之间通过对各自享有信息的互通，降低了信息不对称感知，使企业可以更好地应对市场变化，对企业应变能力的提升具有重要意义；二是上下游企业之间技术的共享提高了企业研发效率，产品技术升级换代的适应性和针对性更强，有利于形成基于供应链的进入壁垒和差别优势；三是上下游企业之间关系的建立有助于提升交易流程的灵活性，降低了交易各方的成本，供应链的整体响应速度得到提升。

b.个人价值。有研究指出，正是交易中个人的因素对关系的成败起到了决定性的作用。因为虽然商业活动的开展外在表现的是企业组织之间物流、信息流、资金流的往来，但一方面我们要看到企业组织执行的是管理者的决策和指令，而且具体交易中相互接触的也是企业的边界人员，所以说脱离了人的因素、忽略了人的作用，将不会带来成功的结果（Wilson和Jantrania，1994）。我们还应该看到，商业往来的过程中蕴藏着很多提高和学习的机会，商业伙伴之间正式或非正式的交流可以达到知识共享的目的，同时为了更好地配合对方开展业务，企业自身也会不断进行自我剖析、自我革新，这一过程伴随着企业人员个人的提升以及心理的满足。在中国商业环境中，私人关系的作用是实践界有目共睹的，但由于其存在违背市场公平竞争机制的负面效应，理论界始终没有对其重要性达成共识。实际上，名目庸俗地拉关系，甚至违法地通过关系钻制度空子，这样的行为是应该摈弃的，但通过企业之间边界人员私人关系的建立提高关系主体各方利益是值得肯定的。Wilson和Jantrania（1994）认为企业之间商业关系的建立是由企业边界人员之间合作完成的，同时企业自身的管理也是通过企业管理者实现的，从这个角度来看，人的因素足以决定商业关系的成败。Wathne等（2001）研究指出亲密的私人关系的存在能在竞争中保护现有的关系。Robert和Yee（2001）对马来西亚的华人买卖双方之间的人际关系的作用进行研究发现，良好的私人关系有助于买卖双方之间信任的提升。

③网络层次的价值。在前面的分析中我们就指出，企业处在多个关系圈子之中，不同圈子中，企业所处的位置不同，有的处于中心，有的处于边缘，不同关系圈子又会有交叉重叠，所以通常状态下企业面对的是一张错综复杂的关系网络。网络中企业与各节点之间可能会发生直接

影响，同时还有间接联系，双方之间的活动，其影响范围可能波及整个关系网络，关系网络价值的发挥也正在于此，即通过网络实现价值创造活动效果的放大。单单从网络中一个节点看，商业关系不是简单的上游供应商、下游经销商这么简单，企业的商业关系涉及多个层面，而且相同层级企业之间又存在关系交叉节点，因此这些商业关系共同构成了企业所面对的关系网络。有学者对关系的网络价值内涵进行了研究，如有研究表明关系的网络价值是一个多维度概念，可以将它划分为建设性价值、整合性价值和破坏性价值三个维度，其中建设性价值是指网络有助于成员之间形成优势互补，有利于成员之间信息共享，有利于成员之间资源流动，从而形成网络整体价值的提升；整合性价值是指通过网络成员之间直接的或间接的活动实现优势互补和资源整合，达到整体效率提升和效果优化；破坏性价值是指由于资源的稀缺造成分配不公平，或由于某些网络成员做出了不协调的举动，从而引起矛盾而扩散至整个网络（Anderson等，1994）。另外有学者强调了关系网络的间接功能，这主要体现在关系网络对企业信息获取和创新开展的促进作用上。关系网络为信息和知识的流动提供了天然的通道，同时网络的动态性客观上要求和促进各成员通过开展创新活动逐渐取得进步（Walter等，2001）。处于网络中各节点的关系主体都可能直接或间接影响网络中其他企业甚至整个网络。网络层次的价值一般包含以下两个方面含义：

a. 侦察和创新。该方面网络层次的价值体现在关系网络中有价值的信息共享上。Walter等（2001）研究发现关系网络中间接影响的价值值得关注，尤其指出关系网络对于企业侦察和创新目的实现作用巨大。商业关系侦察功能主要体现在企业利用权威关系主体，如商会、政府、金融机构等在特定领域享有的专业性和优先权，通过私人关系获取及时、权威、详尽的市场、产品、技术、政策等方面的信息，从而在竞争中获得先机和优势。商业关系创新功能主要体现在网络节点企业或个人新技术的研发、新需求的提出方面，要实现技术的应用和需求的满足需要关系各方资源的支持，从而带动整个关系网络节点新业务的产生，为关系网络增添了动能。

b. 社会支持。该方面网络层次的价值体现在借助网络实现自身价值提升。个人价值自我提升主要依靠商业主体内部研发投入、创新激励、自主学习等手段，而社会支持强调的是借助网络的优势，通过信息共享、技术共享、需求传导等实现个体价值的提升（Holmlund，2004）。社会支持在商业企业内部主要体现为成员个体之间私人关系的建立对其积极性、主动性和创造性产生一定作用；而同外部利益相关方之间，如政府、银行、上下游伙伴、客户和公众等，通过互动以获取必要资源助力企业发展。已经建立合作关系的商业伙伴之间能够实现顺畅的交易，企业边界人员也会体验到良好私人关系带来的工作便利，这让他们更有动力去维持和发展现有关系，持续开展合作交易。参与到商业合作中的企业边界人员个人可以从中获得私人关系、创新动力、灵感源泉，这反过来又会给企业未来的发展增添新的动能。从一般意义上来讲，我们可以从信息传递、资源共享、创新协作、风险抵御等方面来解释网络层次的价值。Kotabe和Czinkota（1992）对此进行了系统研究，并总结提出了网络层次的价值包括提高生产效率、降低经营风险、填补市场空白、推动创新发展、达成规模效应、打破法律障碍、扩大业务范围、降低退出成本八个方面。

可以借鉴经济学和社会学领域关于网络组织的研究成果，来对网络关系进行理解。网络组织是一种组织形式，它的显著特点是专业化资产的整合，以及资源共享的过程，它是介于传统科层制组织结构和现代市场结构之间的一种组织形式，具有平等市场结构的一些特点。

从上面的分析中我们可以发现同一关系主体在不同关系圈中所处的关系层次不同，不同关系主体在相同关系圈中所处的关系层次也不尽相同，因此各关系主体开展社会活动的目标也是不同的，这会随着其所处位置的变化而变化，当然其所采取的行动也会随着目标的变化发生变化。比如处在情景层次上的企业，产品和服务是其关注的重点，这种情况下私人关系价值体现的是经济价值，来源于成本的降低和效率的提升。在关系层次上，关系主体关注的是关系本身和价值创造的过程，此时私人关系价值主要体现的是非经济价值，来源于直接关系的影响。在网络层次上，关系主体关注的是所有利益相关方，此时私人关系价值主要体现的是非经济价值，来源于间接关系的影响。

综上，学术界和实践界对私人关系价值的内涵进行了有益的探索，总结其特征主要有：第一，私人关系价值是一个主观的概念，它是关系主体对关系成本和关系收益平衡后得到的评价；第二，关系机制是关系主体对交易关系带来的收益和付出的成本之间权衡的结果，它是一个相对的概念；第三，私人关系价值是一个复杂的概念，其维度划分方法多种多样，综合考虑本书的研究对象和研究目的，我们将采用基于交互层次的维度划分方法。

2.3.3 不同视角下的私人关系价值研究

现有研究中对私人关系价值的研究成果较多，其主要探讨了私人关系价值对满意、信任、承诺等心理层面变量的影响，还有对忠诚、行为意向等行为层面变量的影响，尤其对关系收益的影响得到学者们的广泛关注。Gwinner等（1998）对关系收益的研究成果得到广泛认同，他们认为关系收益可以划分为：包括关系主体的安全感、信任等在内的信心收益；包括企业边界人员私人交情在内的社会收益；以及包括价格优惠、个性化服务在内的特殊待遇收益。

（1）企业之间私人关系价值研究

企业之间关系较早得到学术界关注，其对关系主体绩效改进效用明显。Wilson和Jantrania（1995）是私人关系价值领域研究中的先行者，他们认为企业之间通过关系的建立实现了相互信任、业务流程顺畅等收益，具有重要战略意义。同时，他们指出在关系发展的不同阶段，企业从关系中获得的价值不同，如何充分挖掘私人关系价值是这一领域的核心课题。Ravald和Grönroos（1996）提出的私人关系价值感知框架模型对我们理解企业关系作用很大。他们认为产品的交易仅仅是整体感知价值的一部分，业务关系自身也是影响整体感知价值的重要因素。尤其在一段持续时间较长的业务往来中，交易本身的质量和价格对关系主体价值衡量的影响在下降，相反关系质量对价值评估起到决定性影响。他们发现在关系导向的交易中，衡量价值不应该仅局限于某一次交易的收益和成本权衡，而应该从长远考虑包括情景价值和关系价值在内的整体价值。Hogan和Armstrong（2001）通过对企业关系的研究提出私人关系价值是企业在关系整个延续周期中获得的净感知价值。同时，他们指出私人关系价值并不特指买方或卖方的感知，它是一个组织概念，关系各方均能够从关系中获得收益。另外他们认为私人关系价值是一个包含了收益和成本两个方面的概念，计算方式为关系收益减掉关系成本的净值。他们指出，私人关系价值不光是当前的关系净值，还包括对未来关系净值的感知，这体现了对关系的时间要素考量。Helfert等（2002）研究发现私人关系价值同产品价值一样会对驱动关系主体间的信任和承诺起到关键作用。他们指出私人关系价值是一个与产品无关的概念，体现的是关系主体间的互动，它是平行于产品价值的一个独立概念。他们认为私人关系价值是关系主体对感知到的收益（如效率提升、技术改进、成本降低）和成本（时间成本、精力成本、机会成本）的综合评价。Eggert和Ulaga（2002）基于对前人研究的总结归纳，提出了商业私人关系价值的可操作性定义，他们认为私人关系价值是在考虑供应商备选关系的选择时，采购商所感知到的利益（如个性化服务、采购便利等）和成本（如价格、过程成本等）的综合权衡，并在此基础上开发了BtoB背景下的私人关系价值测量量表。Meng（2012）通过研究供应链关系的特征来评价其对项目绩效的影响，认为供应链上下游成员之间的长期私人关系更有助于提高项目绩效。Suprapto（2014）认为业主-承包商关系的价值是基于感情上的信任、愿景的共享、彼此的态度、寻求解决方案。刘刚和王岚（2014）以关系质量为中介变量，利用结构方程模型和与上海汽车行业研发合作的198份样本数据，实证研究了研发合作中公平感知对关系价值的影响。结果发现：程序公平和互动公平通过满意影响了关系价值，并且程序公平的影响小，互动公平的影响大；分配公平通过承诺影响了关系价值。同时发现，满意对关系价值的影响最大，其次是信任、承诺。朱开悉和胡秀峰（2017）基于客户关系价值模型与交易成本理论，发现影响企业客户关系价值的因素主要取决于企业获得能为企业带来利润的新客户的效率、现存客户给企业带来的税后利润率以及维持现存客户关系的效率，而这些因素都受客户业务规模结构影响。通过对客户关系价值模型的拓展与推导，证明存在一个最优客户业务规模结构，并就此为国家政策制定与企业市场战略提出相关建议。

（2）企业与消费者之间私人关系价值研究

相对于企业之间私人关系价值的研究，企业与消费者之间私人关系价值研究还不成熟，学术界并没有明确提出企业与消费者的私人关系价值概念，对其维度构成也缺乏实证检验。但已有学者从关系利益和关系成本角度对企业与消费者私人关系价值进行研究，这符合前述私人关系价值的利益-成本划分方法，本书据此对企业和消费者私人关系价值的研究进行了回顾。与企业之间私人关系价值研究不同，企业与消费者之间私人关系价值多是从消费者视角切入。

关系利益是消费者研究领域的热点方向，与此相关的企业与消费者关系利益概念和维度划分研究取得了不少成果。Berry（1995）研究指出企业与消费者之间的关系可以带来两方面利益：一是降低感知风险。企业与消费者之间建立关系后，消费者基于对企业的信任和品牌的偏好选择留在关系之中，关系的持续性降低了消费者对未来不确定性的感知。二是提供人文关怀。

消费者除了对核心产品的需求外，还存在社交、尊重等社会层面的需求，通过关系的建立，企业边界人员可以发展同消费者的私人关系，为其提供专属服务和个性化、专业化建议，使消费者感受到与众不同的礼遇。Bitner（1992）认为服务提供情景中，消费者从企业关系中主要可以得到四方面利益：一是消费者与企业建立关系后对未来的变化预见性提高，不确定性风险降低，消费者会感到处于关系中很舒适，没有压力。二是如果企业能够准确了解消费者需求，并满足消费者个性化需要，消费者就没有动能去改变当前关系，留在当前关系中节省了客户转变成本。三是消费者保持对当前关系的信任，节省了其搜索、对比、选择决策成本，使其能够有更多时间专注于个人生活。四是随着企业和消费者关系推进，企业边界人员与消费者之间的关系和友谊已经成为消费者私人生活网络的组成部分，丰富了消费者关系资源。

另外，有研究指出，消费者选择维持现有顾企关系主要从四个方面进行考虑：一是销售人员依据对消费者需求和特点的了解，利用其自身专业知识和掌握的产品信息，可以为消费者提供专业、个性化的意见和建议，辅助消费者更好地做出购买决策，节省了客户选择和购买时间。

二是通过为消费者提供专属定制化服务和购物体验，能够使消费者享受购物过程，满足消费者休闲和娱乐的需求。三是当消费者处于选择犹豫期时，企业边界人员的专业指导有助于降低消费者对购买风险的感知，增强消费者购物的信心。四是企业边界人员与消费者之间的友谊可能超越了交易本身，真正成为消费者社交网络的一部分，成为消费者的圈内人（Reynolds和Beatty，1999）。

消费者这四种关系保持动机中，前三种可以归为功能利益，后一种可以归为社会利益。Beatty等（1996）也从功能和社会两个维度对关系利益进行了划分，他们还提出关系利益是随着关系的发展不断变化的，消费者在关系建立之初是受到销售人员专业介绍和热情服务的影响，这时关系的功能性利益更加突出，随着关系的发展，消费者与销售人员成为知心朋友，这时关系的社会性利益更加突出。Gwinner等（1998）对关系利益的研究堪称这一领域的经典，从消费者视角全面地考察关系利益的研究。他们对关系利益的定义得到学术界普遍认同，他们认为关系利益是指消费者从与公司关系中获得的核心产品或服务之外的利益。他们通过对服务行业的研究提出关系利益包含三个维度，即社会利益，是指消费者和企业边界人员之间的友谊和情感；信心利益，是指关系给消费者带来的安全感，体现了处于关系中的消费者对企业的信任；特殊待遇利益，是指消费者由于处于关系中而享受公司提供的价格折扣和特殊服务。他们还发现这三种关系利益在所研究的几个服务行业中均存在，三者的重要程度从高至低依次是信心利益、社会利益、特殊待遇利益。Reynolds和Beatty（1999）通过研究证实了企业与消费者之间的关系利益与消费者满意度和忠诚度之间的关系，在研究中他们沿用了先前功能利益和社会利益的关系利益划分方法。Patterson和Smith（2001）在亚洲文化背景下不同的服务行业中检验了Gwinner等（1998）提出的关系利益量表，信心利益、社会利益和特殊待遇利益的维度划分得到了数据支持。他们通过研究发现，在定制化程度高、接触程度深的服务领域，消费者感受到的三类利益都要高于标准化或半定制化、接触程度不高的服务领域中消费者感受到的三类利益，并指出不同国家消费者对不同类型利益的关注程度不同。Hennig-Thurau等（2002）基于Gwinner等

（1998）的研究提出了关系利益、关系质量和顾客行为的整合模型，并发现关系利益中的信心利益和社交利益直接影响顾客忠诚，同时，三种关系利益还通过满意和承诺这两个中介变量间接影响顾客忠诚和正向口碑。Vazquez-Carrasco 和 Foxall（2006）以 800 名西班牙发型消费者为样本，调查研究顾客个人特性与关系利益期望、满意度及主动或被动的顾客忠诚之间的关系，结果显示，关系利益感知引导更高的顾客满意与被动忠诚。Gil-saura 等（2009）通过对四种类型的零售客户的调查与研究，检验顾客感知的关系利益对顾客对零售商的忠诚度的影响。结果显示，信心利益和特殊待遇利益对顾客忠诚有重要影响，其中，信心利益是通过顾客满意这个中介对顾客忠诚发挥作用的。Chen 和 Hu（2010）以澳大利亚的咖啡出口商为研究对象，通过对 949 名受访者的调查，开发并验证了关系利益对顾客感知价值与顾客忠诚关系的影响机制模型，研究结果表明，关系利益对顾客感知价值和顾客忠诚都有直接影响，并通过感知价值对顾客忠诚产生间接影响。

（3）网络环境下关系利益研究

Yen 和 Gwinner（2003）基于前人研究成果，检验了网络环境下关系利益的种类，他们认为基于网络技术的消费者服务，由于缺少人与人之间的直接接触，消费者和销售人员之间很难形成类似传统环境中的朋友关系，因此消费者不会对关系产生依赖。网络环境下消费者和企业之间的关系利益不包含社会关系利益，只包含信心利益和特殊待遇利益。Colgate 等（2005）通过定性访谈和调研数据分析，提出了网络购物环境下关系利益量表，同时他们在研究中还指出，信心利益、社会利益、特殊待遇利益的维度划分不仅适用于传统环境，在网络环境下也一样适用，只不过社会利益对整体关系利益水平的贡献非常低，这与 Yen 和 Gwinner（2003）的观点基本相同。此外，他们还发现了网络环境下关系利益的两个新维度：一是为消费者提供定制化服务和问题解决方案，他们称之为服务维度，这一维度反映了网络环境下消费者对专属的个性化服务和快速的问题响应与解决重视程度较高。二是与消费者保持长期的联系，他们称之为历史维度，实际上这一维度在线上和线下环境中都存在，他们强调网络环境下信心利益是提高关系利益的关键，尤其在虚拟的网络环境下，消费的不确定性较高，因此，为消费者提供可靠的感觉是至关重要的。陈李红等（2016）探讨了网络品牌社群参与的需求，实证检验发现自我表现需求、社交需求、尊重需求的作用较为明显，关系价值和体验价值对品牌忠诚的影响比较显著，而感知价值对品牌忠诚的作用效果并不明显。邵景波等（2014）认为任何顾客都是镶嵌在特定顾客网络中的个体，而顾客网络的特征会对网络中顾客的价值感知产生影响，进而影响顾客关系价值。刘宇涵和于苗（2019）通过对移动社群中网络舆论的影响力研究发现，移动社群中网络舆论包含正面和负面网络舆论，消费体验包含思考体验、情感体验和社交关系体验三个维度，顾客共创价值也包含享乐价值、经济价值和关系价值三个维度。网络舆论对消费体验存在着一定影响，而负面舆论的影响程度高于正面舆论，并最终影响顾客共创价值。

（4）关系成本研究

通过回顾发现，关系成本的研究相对较少，实证研究更屈指可数，多是停留在关系成本概念的理论剖析层面，并检索到关系成本维度的划分研究。分析已有研究发现，关系障碍的概念与关系成本有相通之处。Hennig-Thurau等（2000）认为企业与消费者的交易往来中，有一些因素会对消费者制定关系决策产生负面作用，这些因素统称为关系障碍；而另外一些因素会对消费者制定关系决策产生正面作用，这些因素则统称为关系利益。关系利益和关系障碍同时影响消费者对关系吸引力的感知。在某些情况下，即便消费者认为关系利益是存在的，但关系障碍的存在使得消费者不能或不愿与公司建立和发展关系。他们指出关系障碍有四种类型：一是消费者购买过程中希望能够自己做出购买决定，不希望有他人的意见干扰，这种情况下企业边界人员的指导和关心反而会让消费者反感，这种关系障碍称为自主决策；二是消费者会有货比三家的习惯，享受比较、试用、选择的过程，此时与消费者关系紧密的企业反而束缚了消费者的欲望，使其有背叛的感觉，内心产生自责，这种关系障碍称为自主选择；三是很多消费者喜欢尝试新鲜的东西，希望做时尚的引领者，如果现有企业不能时刻让消费者感受到新鲜感，那么消费者就会选择寻找更具新意、更具创造性的企业，这种关系障碍称为寻找刺激；四是与企业建立长期关系意味着企业会获得消费者人口统计信息、购买行为习惯信息等属于消费者个人隐私的信息，这会引起部分消费者的反感，这种关系障碍称为隐私需求。

Noble和Phillips（2004）也提出阻止企业和消费者关系建立的四种障碍：一是维护努力，是指消费者为了保持现有与企业之间的关系而需要付出的时间和精力，比如消费者需要完善会员信息，购买时需要提供会员信息，需要接收不必要的促销信息等；二是时间，是指消费者为了建立与企业之间的关系需要消耗的时间，如注册会员时间、等待时间、路途时间等；三是未得利益，是指消费者对企业关系维护措施中提供的特殊利益感知不明显或存有疑问，使得保持与企业关系的吸引力下降；四是个人损失，是指消费者担心自己的隐私会被企业用来开展与消费者无关的业务活动。上述关系障碍还可以划分为两大类：一类是反映消费者建立和发展关系需要付出时间和精力的感知努力；另一类是反映消费者与企业关系给消费者造成损失的感知损失。维护努力归为感知努力维度，个人损失归为感知损失维度，而时间和未得利益则横跨两个维度。吕文学和李晖（2015）通过文献分析及专家访谈，识别出16项承包商感知与业主保持关系带来的关系收益因素和8项承包商为此需要付出的关系成本因素，并对每一个因素影响关系价值的途径进行了分析。通过因子分析，将关系收益分为经济收益、互助合作、公平与担当、第三方交易关系的促进共四类；将关系成本分为公关成本、让步成本、赠予成本共三类。研究结果有助于承包商认识关系价值的创造机制，理性地处理与业主之间的关系，从而更好地维持和谐关系，实现双赢。吴解生（2013）基于代工委托商与代工承接商关系的实质分析，提出了代工合作网络中代工承接商的“关系收益”、“关系成本”和“关系剩余”的概念，并由此构建了代工承接商代工合作网络关系存续状态的分析框架，并指出代工承接商“关系剩余”的数值大小和变动趋势，是判断代工承接商代工合作网络关系存续状态的重要尺度。

2.4 企业绩效

2.4.1 企业绩效的概念

在企业管理的相关研究中，企业绩效是一个重要的方向，因为企业战略实施效果的衡量和评价必须参考企业绩效指标，不能带来绩效提升的战略会被认为是不成功的战略。学术界一致认为企业绩效具有重要实践意义，但对于如何测量企业绩效始终没有形成统一的意见，这也成为企业战略管理研究中的一个难题。由于企业绩效对不同的评估者、不同类型的企业存在不同意义，因此，学术界一般认为其并没有直接可操作的定义，可以通过抽象化的推演构造出来。Campbell（1977）就指出企业绩效是一个不可操作的概念，但可以借鉴相关领域的理论模型来对企业绩效概念进行解构和测量。借鉴理论模型的目的就是要找到间接可以测量的变量，而这些变量之间往往是相关的。因此，学者们往往会运用其他领域相关测量方法和模型衡量企业绩效。Ford 和 Schellenberg（1982）回顾、总结了构造绩效的三种方法：第一种绩效构造方法是目标构造法，该方法认为任何企业都制定经营目标，包括收入、利润、能耗、市场份额、品牌知名度等，将这些经营目标的达成情况作为反映企业绩效的指标是具有合理意义的（Etzioni，1964）；第二种绩效构造方法是系统资源构造法，这种方法往往是从企业生存环境的系统角度出发，基于资源的稀缺性以及价值规律，认为处于充分竞争环境下的企业对那些关键资源（人才、技术、资金、自然资源等）的保有情况反映了企业的经营能力，进而可以说明企业绩效的好坏（Yuchtman 和 Seashore，1967）；第三种绩效构造方法是成分构造法，该方法认为好的企业组织能够顺畅运行，组织成员之间关系融洽、信息传递顺畅、团队氛围浓厚，因此可以通过对企业内部成员交流次数的监控达到对企业绩效的测量（Steers，1977）。

还有学者通过实证研究的方法，提出企业绩效包含适应性、效能、效率三个维度，其中适应性是指当企业外部环境发生变化时，如新竞争者的进入、政策的变化、技术的革新等，企业所表现出来的应变能力，一般采用一定统计周期内推出新产品的销售量或销售额来表示；效能是指企业生产或销售的产品或服务的销售增长率或市场占有率；效率是指企业从事生产经营活动的投入产出比，通常用投资回报率表示（Ruekert等，1985）。

综上可知，虽然绩效的定义方法和角度不同，其测量也不相同，但总体来说它是对企业目标完成情况的一种度量，对绩效定义的不同体现为不同研究对企业目标分解的方法或角度的差异。

2.4.2 企业绩效的指标分类与测量

绩效指标是对企业绩效在不同层次上的衡量，对绩效指标的深入认识、了解和使用有助于对组织目标达成情况进行全面评价，进而采取有针对性的措施提升企业绩效。目前对绩效指标的分类一般可归纳为下面三种：

（1）以指标数量为标准可将绩效指标划分为单一指标和多重指标。单一指标是指利用产量、销售额或利润等单一结果性指标来衡量组织绩效，这种方法简单易行，数据采集和对比方便直观，因此在实践和理论研究中采用较多。Zahra和Covin（1993）就认为利用销售报酬率这一指标来评估企业战略实施非常有效。Capon、Farley和Hoenig（1990）回顾了企业绩效相关实证研究，发现以单一指标衡量企业绩效是研究中通常采用的方法。实践中更是如此，在市场经济条件下，企业生产运营的目标非常明确，获取更多的收益是企业的内在需求，因此采用利润、收入等单一指标来衡量企业绩效有其合理性。多重指标是指利用不同指标来对企业人、财、物、产、供、销等方面表现进行综合评价。Robbins（1990）认为企业追求的目标是多元的，不同行业中的企业性质不同、模式不同，因此需要采用不同的指标体系对其业绩进行评估。Kaplan和Norton（1992）提出了平衡计分卡方法，打破了传统的只注重财务指标的业绩管理方法，对企业战略目标进行分类归纳，建立起一套相互制衡的全面考核指标体系，具体包括创新与学习、业务流程、顾客、财务四个角度。

（2）以指标属性为标准可将绩效指标划分为财务指标和非财务指标。财务指标是利用企业资金往来和使用情况相关指标来衡量企业绩效，主要包括投资回报率、销售额增长率、资产报酬率等指标。财务指标可以通过企业公开的财务报表获取，使用起来简单方便，因此得到普遍采用。另外，受制于财会制度约束，不同国家、不同行业的企业，其财务指标计算方法和口径基本相同，因此有利于进行横向对比寻找差距。但财务指标多倾向基于经营管理活动的结果进行评价，而且都是对即期活动情况进行评价，因此存在天生的不足，所以还需要一些能够衡量企业经营管理活动过程、衡量企业发展潜力和前景的非财务性指标进行辅助，如品牌美誉度和知名度、消费者满意度和忠诚度、研发投入等。有研究提出将企业绩效划分为财务绩效、运行绩效和其他绩效三个维度来考量，其中财务绩效是指企业运行成果在成本和收益上的体现，主要用财务报表上的相关指标来衡量，如利润率、资产回报率、净利润、销售增长率等；运营绩效是指除成本和收益以外的企业运行成果，可以用市场份额、品牌知名度、标准体系建立等指标来衡量；其他绩效是指除财务绩效和运营绩效之外的与人员有关的企业运行成果，可以用员工满意度等指标来衡量，这一般很少被使用（Venkatraman 和 Ramanujam，1986）。还有学者在对企业绩效和企业文化之间的关系进行研究时，从财务绩效和市场绩效两方面来对企业绩效进行操作化处理，其中财务绩效是指企业运营活动所取得的财务上的表现，主要可以通过财务报表数据指标进行衡量；市场绩效是指企业市场运营活动所取得的成效，主要可以通过消费者满意度、市场占有率、品牌渗透率等指标来衡量，这些市场绩效指标对于预测和判断企业长期发展潜力和成长空间具有比财务指标更有效的作用（Homburg 和 Pflesser，2000）。Homburg等（2000）通过对企业经营管理导向与企业绩效之间关系的研究发现，采取市场导向的企业，导向作用会通过市场绩效间接影响企业财务绩效，同时也会对企业财务绩效产生直接积极影响。他们在研究中明确指出，企业市场绩效上的积极表现，如客户满意度和忠诚度的提升、客户价值的提升等，都会对企业利润指标产生直接正面的影响。

从上面的分析中可以看到，企业日常运营结果在经济上的表现可以通过财务绩效来直接衡量，另外企业日常运营成果也通过对市场绩效的影响而间接影响企业财务绩效，如企业在技术研发上和公关活动上的投入和开支虽然不会带来直接的财务指标提升，但往往能够促进企业市场绩效指标的提升，从而对企业财务绩效产生间接作用。所以，要想对企业生产经营活动效果进行全面客观的评价，必须综合考虑财务绩效指标和非财务绩效指标。

（3）以计算方法为标准可将绩效指标划分为客观指标和主观指标。其中主观指标是指利用主观评价的方法对企业绩效进行评估，客观指标是指利用实际活动结果指标来对企业绩效进行评估。在开展企业绩效相关的研究时，研究人员经常面对的情况是研究对象企业财务数据无法获取，不同行业、不同类型企业绩效可比性不高，这些问题的存在使学者们建议采用主观评价标准来对企业绩效进行评价（Dess 和 Jr Robinson，1984）。例如，Delaney 和 Huselid（1996）就在研究中指出，要想准确、全面评价一个企事业单位的绩效目标达成情况，参考一些主观绩效评价指标是具有实际意义的，况且这些主观评价指标与客观财务指标之间通常具有较强的相关性。实际研究操作中，普遍采用的是上述几种指标相结合的方式，并不具体区分财务指标或非财务指标、主观指标或客观指标，至于采取何种方式最优，并没有定论，还是要结合研究情境、研究对象和研究模型的需要。但有学者指出在选取指标时应注意不同指标之间不能存在共线性，应有较强区别能力，应尽量选取通用指标，这样可以确保研究成果具有可比较、可参考的意义。

从以上文献回顾可以发现，在对市场导向对企业绩效的影响相关研究中，有以财务绩效指标来衡量企业绩效的，如销售增长率、资产回报率等指标（Narver 和 Slater，1990；Slater 和 Narver，1994）；也有以市场绩效指标来衡量企业绩效的，如市场占有率、顾客忠诚度等指标（Jaworski 和 Kohli，1993）。其中市场绩效指标越来越被研究者和企业家所重视，因为它是对企业开展经营活动效果的最直接反馈，如客户满意度、客户忠诚度、客户价值、客户保留率等指标，更能反映企业市场导向的特征（Homburg 和 Pflesser，2000）。但也有研究人员认为，刻意去区分财务绩效和市场绩效没有什么意义，尤其从长期来看，市场绩效和财务绩效是高度相关且趋同的。

综合考虑上述分析结果，本书对企业绩效的测量将采用主观评价的方式进行，这主要是出于以下几方面原因：

第一，企业客观经营数据获取难度大。一方面由于企业出于商业机密考虑没有意愿向研究人员提供经营数据（Dess和Jr Robinson，1984）；另一方面，采用调查问卷方式匿名回答者很难提供真实经营数据（Merchant，1981；Govindarajan，1984）。

第二，企业客观经营数据不适合跨界比较。由于不同行业、不同地域、不同规模、不同发展阶段的企业面临的内外部条件不同，其经营成本和收入受到很多天然客观因素影响，因此采取客观财务指标去对比企业之间的绩效往往不能排除客观因素对所考察因素的干扰。而采用主观评价指标可以提高结果的可对比性，同时也方便调查对象填写，利于采集到真实有效的数据。

第三，企业客观经营数据不一定能够准确反映企业盈利能力。不同企业、不同行业财务会计处理方法不同，以及不同企业所处投资回收期间不同，都会造成企业在成本和收入数据上采用不同的标准，这样其对比结果并不能准确反映企业真实盈利能力的差距。

第四，企业客观经营数据并没有表现出比主观评价更好的评估效果。有研究表明，企业经营客观绩效与主观评价绩效之间存在显著正相关关系（Dess和Jr Robinson，1984；Pearce等，1987；Venkatraman和Ramanujam，1986）。而且有学者指出，没有足够研究证据能够说明企业财务报表数据能够比企业绩效自我评价数据更好地反映企业经营能力（Brownell，1991）。

根据参照目标的不同，企业主观绩效的评价方法主要有两种：一是相对于企业自身经营目标的绩效评价；二是相对于竞争对手的绩效评价（Ford和Schellenberg，1982）。本书将采用相对于竞争对手的绩效评价方法来测量企业绩效，这主要出于两个方面的考虑：一是单纯从企业自身经营目标达成的评价角度来衡量企业绩效，存在局限性，因为每个企业目标制定的导向不同，有的目标激进，有的目标保守，因此这种主观评价结果不利于横向比较。而与竞争对手企业绩效进行对比来评价自身企业绩效情况可以更准确地反映企业经营能力。二是在实际操作过程中，研究人员发现调查对象很难区分相对于自身目标的企业绩效和相对于竞争对手的企业绩效，导致问卷结果两者存在强烈相关，而且对于调查结果研究人员在统计处理上很难区分，所以刻意区分两个主观评价维度意义不大（Derozier，2002）。

2.5 本章小结

本章中，我们对本研究应用到的理论基础以及涉及的私人关系、私人关系价值、企业绩效的相关研究进行了回顾。

目前各个领域的研究为探查私人关系对企业绩效的影响打下了基础。但是，已有的理论仍有部分问题尚待更深层次的分析。对于现有研究的缺欠进行完善和补充，是本研究的根本目的：

首先，现有研究对私人关系的探查主要研究了私人关系的质量层面，没有从更为全面的角度考察私人关系。基于社会网络理论，私人关系可以划分为质量、数量和能量三个方面，因此现有研究较少关注数量和能量方面。

其次，现有研究更多地建立了私人关系对企业绩效的直接影响关系，但对于私人关系对企业绩效的影响机制的探查较少。也就是说，对于私人关系对企业绩效产生影响的中介变量——私人关系价值缺少详细的探查和多维度的分析。因此，在对现有研究成果进行分析总结的基础上，再加上通过对中国本土研究对象的深度访谈及调研，我们在下一章会对私人关系价值的维度进行研究，这样对理论和实践领域都会是一个有益的补充。

最后，通过对现有文献分析，我们发现对于私人关系与私人关系价值在特定情境中的联系的探查较少，即缺乏有效的调节变量的探查。这也是在之后章节中的主要研究任务之一。

3 私人关系价值的维度及测量量表的开发

通过上一章文献回顾我们可以发现，要想研究私人关系对企业绩效的影响机制，就要先对私人关系价值这个中介变量进行研究。现有研究对于私人关系价值这个中介变量缺少详细的探查和多维度的分析。而且有限的对于私人关系价值的研究大多数是基于西方的情境之下，而不是在中国情形下的本土化研究。我们不能直接生搬硬套现有的西方关系价值的维度和测量量表，而是需要总结并开发出适合中国特点的私人关系价值的维度和量表。在本章中，我们通过对本土BtoB企业高管的深度访谈，以及前人的研究总结提炼出私人关系价值的维度，并开发出测量量表，对私人关系价值这个中介变量进行较详尽的分析。

3.1 私人关系价值量表开发的流程

通过第2章中对现有文献的总结提炼，我们用相对简练、抽象的语言概括出：私人关系就是指关系一方对私人关系带来的收益和所需付出的成本之间进行衡量后得到的感知。但本研究的目的不单单是得到一个抽象的概念。在软科学领域，如果不能对这些抽象概念进行准确的描述和测量，那么相关学科的发展将面临阻碍，因此开发量表是社会学和管理学等软科学中最基本的必要研究步骤。开发量表首先要对相关概念进行可操作化处理。Babbie（1998）认为概念操作化的结果就是要形成一组测量题项，通过这些测量题项能够说明所测量的概念是否出现及程度高低。

本研究遵循受到学者们普遍认可的量表开发流程与方法对私人关系价值量表进行开发，主要步骤如图3-1所示。首先，综合现有文献和定性访谈，总结出私人关系价值的一般测量维度与每个维度的关键语句以便对私人关系价值这个概念有一个全维度的解释；其次，用关键性语句来生成预调研初始题项；再次，通过预调研采集到的数据对量表进行检验，对题项进行净化；净化题项后形成正式调研问卷；最后，正式调研数据验证量表的可靠性和有效性，完成量表开发。

图3-1详细介绍了私人关系价值研究的流程，对流程中每个环节需要使用的研究方法与工具也作了简要说明，同时对每个环节中的研究内容进行了简短介绍。在之后的章节中对其他概念的研究也都遵循这一流程。

3.2 私人关系价值构成维度及测量题项

3.2.1 感知价值维度的总结

要研究私人关系价值的维度并进行可操作化处理，我们要先借鉴一下学术界对感知价值的维度划分和测量题项。对于客户感知价值的测量，目前学术界比较先进的做法是将感知价值作为一个多维度概念来测量，这种操作化方法可以比较全面地体现感知价值中偏理性和偏感性的因素，通过对现有文献的分析总结，我们对一些有关感知价值的研究中所涉及的维度进行归纳、总结（如表3-1所示）。

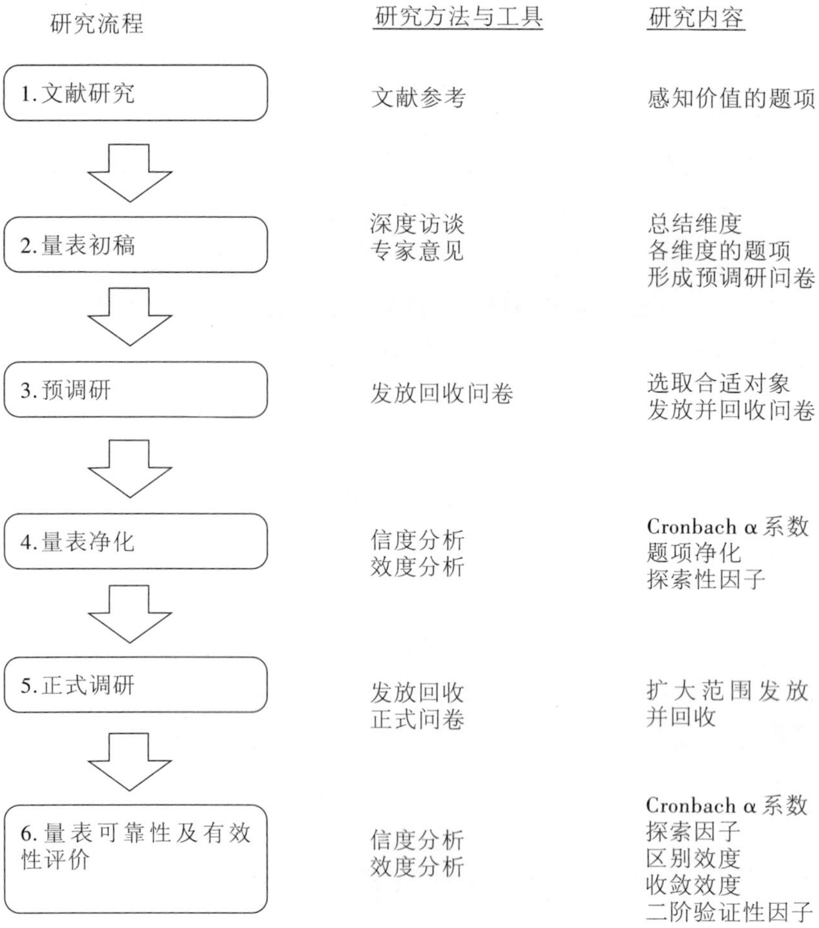

图3-1 流程示意图

表3-1 **关于感知价值的文献所包含的内容维度总结**

作者	具体内容维度
Babin等(1994)	① 产品效用 主要从必要性、有效性、功能性、实用性角度进行评价 ②产品体验 主要从过程体验、结果体验、个人感受等角度进行评价
Cronin等(2000)	公司提供的服务总的来说价值高低 公司提供的服务是否超出我的期望

续表

作者	具体内容维度
Sweeney 和 Soutar(2001)	① 质量价值 做工精良;不耐用(反向);做工差(反向);质量一致性 ② 情绪价值 使用公司产品让我感到放松;我享受使用公司产品的过程;使用公司产品让我心情愉悦;我就不自觉地想去使用公司产品 ③ 货币价值 物有所值;与价格相比,质量好;价格合理;购买该产品是经济的 ④ 社会价值 使用该产品提升了我的形象;让我感觉有面子;让我被别人接受
于春玲等(2005)	① 效用价值 该产品质量如何 该产品功能如何 该产品可靠性如何 该产品安全性如何 该企业售后服务如何 ② 形象价值 您对该产品的了解程度如何 您对该产品的定位评价如何 ③ 体验价值 您对该产品的功能评价如何 您对该产品的使用体验评价如何

3.2.2 私人关系价值的构成维度

(1) 定性访谈

在对感知价值的维度进行回顾后，我们对私人关系价值这一概念的构成维度进行探查。本研究以 BtoB 企业的高层管理者为对象进行深度定性访谈，主要基于以下两方面考虑：一是深度访谈法对于揭示新概念和发展新理论是一种非常有效的方法。由于这些概念和理论都非常复杂而且抽象，采用深度访谈方法可以深入探讨并获得有效信息。本研究提出的私人关系价值概念适合采用深度访谈的方法来发掘概念构成。二是深度访谈法有利于了解访谈对象更深层次的想法。私人关系价值的本质是拥有私人关系者的主观评价，适合采用深度访谈的方法去挖掘其本质。因此，采用深度访谈法去挖掘概念构成符合本研究的目的和要求，有利于提高量表的有效性。

我们对30位BtoB企业高管进行了一对一的深度访谈，选择这些被访者主要考虑方便和专业性两个原则。被访者中男性19人，女性11人。我们采取的访谈方式主要为面谈。我们会在正式开始进行访谈之前，向被访者介绍访谈内容，取得被访者信任，并承诺访谈的内容及可能涉及的个人隐私信息仅用于学术研究，在未经过被访者同意的情况下绝对不透露给任何第三方，打消被访者顾虑，确保能够采集到真实想法。接下来，如果被访者同意，我们会采取录音方式记录整个访谈过程，方便后续资料的整理；如果被访者不同意，那我们会采取现场记录的方式对访谈内容进行大概描述，确保访谈数据的完整性。访谈正式开始后，我们首先向被访者简要介绍本次研究目的和内容，解答被访者相关疑问；然后，了解被访者个人基本情况以及工作中与其他企业的合作情况；接下来，按照事先准备好的访谈提纲（见附录1），请被访者有重点地回忆他们与其他企业合作的经历，并鼓励他们进行一些主观上的发挥来对我们的研究多提供一些素材。被访者会详细描述他们在合作的过程中由于私人关系而感受到的价值。在整个访谈过程中，我们很注意营造出轻松愉悦的交流氛围，这样能更准确地得到被访者的主观意思表示。为了提高效率，每次访谈时间控制在一小时左右。

访谈结束后，我们利用Lincoln和Guba（1985）提出的方法步骤对访谈记录进行内容分析，以确定管理者（被访者）在与客户合作过程中基于私人关系而获得的感知价值——私人关系价值。首先，将访谈录音转换成文字记录。其次，对访谈记录进行反复阅读，找出其中出现频率较高的关键词、关键句。再次，将这些关键词、关键句按照含义相近原则进行归类。在归类后，根据该类别的主要意思，再参考之前的有关感知价值的维度，对该类别进行总结性的命名。最后，我们得到如表3-2所示的私人关系价值维度总结及该维度内包括的初始测量题项的关键语句。

表3-2　　私人关系价值维度总结及题项关键语句

价值维度总结	题项关键语句
结果性价值	◇ 我们之间有很好的私人关系，因为这种关系，对方能告诉我真实的产品信息 ◇ 由于我们关系好，对方能直接告诉我他们想要什么 ◇ 对方能跟我一起分析，帮我做出最有利于我的决策 ◇ 因为我们之间关系好，对方总能给我超出基本服务/产品本身的卓越价值 ◇ 我们之间合作从来都是经济划算的
程序性价值	◇ 我们相互信任，所以合作过程非常简单，省去了很多麻烦 ◇ 我们的沟通过程非常顺畅，总是很容易明白对方在说什么，一点儿也不费劲 ◇ 在合作过程中出现问题的时候，我们也能很好地跟对方沟通，调整合作程序 ◇ 我们的合作特别顺利，一气呵成，没费什么劲 ◇ 我们之间合作的整个过程是非常高效的
情感性价值	◇ 我们合作起来我觉得很安心，很踏实，不会担心对方的信用问题 ◇ 在我们合作过程中，我一般都不需要有额外的担心 ◇ 我们之间的合作总是非常地愉悦 ◇ 我们是一体的，出现问题时，我们能站在对方角度，为对方多考虑 ◇ 在合作过程中，我是重情义的

（2）私人关系价值构成维度的含义

如上文所言，我们在对相关文献和对深度定性访谈进行总结后，归纳出了私人关系价值的三个维度。

结果性价值是私人关系价值所带来的最终合作（产品和服务）能够满足其需求程度的偏好和评价。被访谈对象在访谈过程中经常提及“因为与合作客户有很好的私人关系，因此能够了解到真实的产品信息，能够更清晰地知道产品的优点和缺点”“由于合作客户对我也比较了解，因此能够根据我的情况帮助我分析、选择适合我的产品，帮助我决策”“我觉得因为我们关系很好，所以他总是希望给予我超越合同本身的价值”“跟与不熟悉的人相比，私下交好的合作伙伴的合作总是更能节省成本，或者在相同的成本下带来更大的收益”。

程序性价值是私人关系价值带来的完成产品的过程能够满足其需求程度的偏好和评价。合作的过程中有许多程序，在访谈中被访问对象表示“由于与合作对象有一定的私交，所以双方很信任，这就省去了很多非常浪费时间的程序化的步骤，有更多的时间和精力投入到业务中”“因为彼此交情很好，很了解，我们总是在合作过程中快速了解到对方的需求，不用把时间浪费在理解对方上”“合作过程中总是会有这样或那样的问题，但由于我们关系很好，所以总是能很好地控制合作的程序”“跟私交好的人合作总是效率很高”。

情感性价值是私人关系价值带来的满足其情感需求的程度的偏好和评价。访谈对象在访谈中表示，私人关系的价值不仅仅是带来更好的合作结果和顺利的合作过程，还能满足其情感方面的需要。这种情感价值体现在两个方面，第一，被访问者觉得与有私人关系的合作伙伴合作会让他们对合作项目本身很安心。例如，被访问者表示在合作过程中“非常安心，不用担心对方的信用问题，不用担心会被骗”“合作过程总是非常地愉快”“合作过程中对方会替我考虑”“事情也办了，心情也很好”。第二，与有私人关系的合作伙伴合作会体现出自己是一个非常注重情义的人，能够满足自身的情感需要。

（3）测量题项的完善

在上文总结出私人关系价值的3个维度15个初始题项后，我们要对这些题项的语言进行进一步的修改完善，过程如下：

首先，我们邀请3位企业管理专业在读博士生对上述初始题项从语义表达上进行初步评判，并把这些题项中的语言再进行微调，做到言简意赅。比如把结果性价值中的“对方能直接告诉我他们想要什么”调整为“对方想要达到的直接目的”。

其次，我们把这15个题项顺序打乱打散。之后我们向这3位博士生解释本研究提出的私人关系价值3个维度的含义，并要求他们将上述15个题项归类到3个维度中去。如果3人提出有题项不能归类到任何一个维度，或可以归类到多个维度，那么我们将对该题项进行修改或删除。结果3人都能够将15个题项归到各自的维度中，所有题项保留。

最后，我们邀请3位企业管理专业教授对上述15个题项再次进行评判。我们向3位教授解释了私人关系价值的概念和维度，并请他们阅读各维度对应的题项，从而对各题项与该维度的匹配程度进行判断。我们保留题项的原则是有2位及以上教授认为该题项属于当前所在维度，且没有教授对此提出反对意见，否则对该题项予以删除。3位教授最终得出结论认为我们对私人关系价值的维度划分是合理的，每个题项在相应维度上匹配性高。

3.3 预调研问卷及检验

3.3.1 预调研问卷设计与数据收集

（1）预调研问卷设计

从前述研究中，我们得到了由3个维度、15个题项构成的私人关系价值初始量表，从而形成初始调研问卷。对于量表级别的选择，我们通过专家访谈和小范围调查发现，5级量表表现更好，调查对象容易对量表刻度表达内容进行区分，而7级量表在中国语境下不同刻度表达含义区别性不大，容易对调查对象造成误解，因此我们采用了5级李克特量表来开展问卷调查。对问卷中各题目的描述说法，征求调查对象的态度，包括非常不同意、不同意、一般、同意、非常同意5个等级，这5个等级分别被赋予1～5分，调查对象针对每个问题的主观理解和感受进行评价打分，如表3-3所示。为了使表述简明清晰和数据整理便捷，我们使用各维度的英文缩写对各维度和题项进行了编码。此外，为了了解调查对象所在公司信息，我们还在问卷中设计了相关问题（见附录2）。

表3-3 **预调研题项**

编码	题项	非常不同意	不同意	一般	同意	非常同意
OV1	合作过程中,我能了解到真实的产品信息	□	□	□	□	□
OV2	合作过程中,我能了解到对方想达到的直接目的	□	□	□	□	□
OV3	合作公司的高管朋友能站在我的角度帮我进行决策	□	□	□	□	□
OV4	合作公司的高管朋友总是能够为我提供超出基本服务/产品的卓越价值	□	□	□	□	□
OV5	与合作公司开展业务是非常经济划算的事情	□	□	□	□	□
PV1	与合作公司开展业务,省去了很多程序性的步骤	□	□	□	□	□
PV2	与合作公司高管业务上的沟通总是很顺畅	□	□	□	□	□
PV3	合作双方在业务中可根据需要调整程序	□	□	□	□	□
PV4	双方的合作过程总是很流畅,一气呵成	□	□	□	□	□
PV5	与合作公司的高管开展业务总是会非常高效					
EV1	与合作公司的高管打交道使我觉得很安心、踏实,不会担心对方的信用问题	□	□	□	□	□
EV2	与合作公司高管交流是非常愉快的	□	□	□	□	□
EV3	合作中出现问题时能多为对方考虑,商量解决办法	□	□	□	□	□
EV4	合作中没有什么需要额外担心的	□	□	□	□	□
EV5	与合作公司高管打交道过程中可以体现出我是一个重情义的人	□	□	□	□	□

（2）数据收集

2019年3月到4月我们开展了预调研问卷的发放和收集。调研对象主要选取了东北财经大学的MBA、EMBA学员，并且同时请求这些学员利用他们的私人关系把调研问卷分发给符合我们研究对象范围的其他B2B企业的高管，在现有条件下比较有效地拓展了调研范围。预调研主要采用现场发放填写问卷、留置问卷和网络填写问卷三种方式。共发放问卷215份，对重复答案题项过多和未填写题项过多的问卷进行过滤后得到有效问卷193份，问卷有效率为89.8%。对预调研样本基本情况进行描述性分析的结果如表3-4所示。

表3-4 预调研样本描述

指标描述		比例	指标描述		比例
产业类型	第一产业	16.3%	公司年限	3年及以下	64.5%
	第二产业	38.6%		4~9年	25.4%
	第三产业	45.1%		10年及以上	10.1%
员工人数	50人及以下	28.6%	公司性质	国有企业	15.1%
	51~100人	49.3%		民营企业	52.1%
	101~300人	19.2%		三资企业	32.8%
	301人及以上	2.9%			
收入规模	1 000万元及以下	12.7%			
	1 001万元~5 000万元	36.4%			
	5 001万元~4亿元	28.8%			
	4亿元(不含)以上	22.1%			

3.3.2 预调研量表的信度和效度分析

研究调查的方法有多种，包括观察法、访谈法、实验法、问卷法等，考虑到研究情境、研究条件和数据回收要求，本研究采用问卷调查的方法。问卷调查方法在学术研究和实践中都有着广泛的应用，其实施的关键在于问卷本身设计的好坏，这对调查结果的质量有着决定性影响。因此，为了确保调查问卷设计质量，在正式发放之前，我们利用文献总结回顾、专家访谈、预调研等方式对问卷内容进行调整和优化，以期得到可靠性和有效性都经得起检验的量表，从而确保回收数据的质量。而高质量的数据是准确研究结论的基础。我们基于预调研数据，对初始量表开展以下分析：

（1）信度分析

信度指标是用来衡量采用同一套问卷重复开展调查所得到的结果一致性程度的指标。按照实证研究规范方法，一般使用Cronbach α系数和项目-总体相关系数（CITC值）来检验量表的内部一致性信度，以达到量表净化的目的。根据通行标准（Churchill，1979），当Cronbach α系数值大于0.7，CITC值大于0.5时，该题项予以保留；同时应当满足如果删除该题项后，Cronbach α系数值也应变化不大。如不符合上述标准，则应该删除该题项，结果如表3-5所示。

表3-5 **初始量表的内部一致性信度检验**

维度	题项编码	CITC值	删除题项后的Cronbach α值	Cronbach α值
结果性价值OV	OV1	0.618	0.875	0.919
	OV2	0.614	0.875	
	OV3	0.627	0.874	
	OV4	0.663	0.872	
	OV5	0.608	0.874	
程序性价值PV	PV1	0.505	0.879	0.821
	PV2	0.547	0.877	
	PV3	0.514	0.879	
	PV4	0.200	0.969	
	PV5	0.543	0.877	
情感性价值EV	EV1	0.508	0.879	0.874
	EV2	0.677	0.872	
	EV3	0.601	0.875	
	EV4	0.558	0.877	
	EV5	0.672	0.873	

分析结果表明，量表三个维度的Cronbach α系数均大于0.7的标准（结果性价值OV=0.919；程序性价值PV=0.821；情感性价值EV = 0.874），说明三类私人关系价值量表内部一致性信度较高。程序性价值中的“双方的合作过程总是很流畅，一气呵成” CITC值在我们设定的剔除标准以下，故将其剔除，其余的测量题项CITC值均达到标准予以保留。将“双方的合作过程总是很流畅，一气呵成”这一题项删除后，程序性价值的Cronbach α值为0.969，提升明显。

（2）效度分析

效度指标是用来衡量调查问卷对所要测量意见、态度等目标的测量结果的准确程度，主要包括内容效度、准则效度和结构效度三种。内容效度又称逻辑效度，它是指问卷内容对所要测量的意见、态度描述的全面性和适当性程度；准则效度是指不同测量方法与准则方法测量结果的一致性程度；结构效度是指问卷测量题项和所要测量的维度之间对应关系的清晰程度。

根据Churchill（1979）的建议，我们利用探索性因子分析方法对量表效度进行检验。按照通行的做法，KMO（Kaiser-Meyer-Olkin）检验和巴特利特球形检验（Bartlett's Test of Sphericity）是开展因子分析的前提条件，以确认数据是否适合进行因子分析（Kaiser，1974）。我们利用预调研数据分析（删除原PV4题项后）得到KMO值0.746，达到通用的0.7标准，巴特利特球形检验结果显著（sig.=0.0028），说明数据适合做因子分析。

接下来我们对数据进行主成分分析，利用正交旋转中方差极大化的方法，按照通用特征根大于1的标准，我们提取出3个因子，累计方差解释率为77.251%，各题项在3个因子上的载荷系数如表3-6所示。因子1在结果性价值OV维度上载荷系数远远高于因子2和因子3；因子2在程序性价值PV维度上载荷系数远远高于因子1和因子3；因子3在情感性价值维度上载荷系数远远高于因子1和因子2。我们按照因子载荷大于0.5，且没有跨因子载荷的情况（其他因子载荷小于0.4）的标准（Michael等，1999），对量表题项再次进行净化。结果表明14个题项均达到要求，予以保留。

表3-6　　**初始量表探索性因子分析结果**

维度	题项	提取因子		
		因子1	因子2	因子3
OV	OV1	0.829	0.082	0.211
	OV2	0.782	0.039	0.299
	OV3	0.835	0.108	0.214
	OV4	0.843	0.097	0.267
	OV5	0.885	0.082	0.141
PV	PV1	0.038	0.932	0.148
	PV2	0.143	0.934	0.093
	PV3	0.041	0.933	0.151
	PV4	0.142	0.931	0.087
EV	EV1	0.174	0.048	0.755
	EV2	0.448	0.188	0.642
	EV3	0.172	0.154	0.823
	EV4	0.207	0.067	0.806
	EV5	0.273	0.153	0.811

最终我们得到私人关系价值的正式量表如表3-7所示。在私人关系价值的正式量表中，结果性价值维度、程序性价值维度、情感性价值维度共同构成了私人关系价值。结果性价值包括5个题项，程序性价值包括4个题项，情感性价值包括5个题项。

表3-7　　**私人关系价值测量量表**

代码	测量题项	非常不同意	不同意	一般	同意	非常同意
OV1	合作过程中，我能了解到真实的产品信息	□	□	□	□	□
OV2	合作过程中，我能了解到对方想达到的直接目的	□	□	□	□	□
OV3	合作公司的高管朋友能站在我的角度帮我进行决策	□	□	□	□	□

续表

代码	测量题项	非常不同意	不同意	一般	同意	非常同意
OV4	合作公司的高管朋友总是能够为我提供超出基本服务/产品的卓越价值	□	□	□	□	□
OV5	与合作公司开展业务是非常经济划算的事情	□	□	□	□	□
PV1	与合作公司开展业务,省去了很多程序性的步骤	□	□	□	□	□
PV2	与合作公司高管业务上的沟通总是很顺畅	□	□	□	□	□
PV3	合作双方在业务中可根据需要调整程序	□	□	□	□	□
PV4	与合作公司的高管开展业务总是会非常高效	□	□	□	□	□
EV1	与合作公司的高管打交道使我觉得很安心、踏实,不会担心对方的信用问题	□	□	□	□	□
EV2	与合作公司高管交流是非常愉快的	□	□	□	□	□
EV3	合作中出现问题时能多为对方考虑,商量解决办法	□	□	□	□	□
EV4	合作中没有什么需要额外担心的	□	□	□	□	□
EV5	与合作公司的高管打交道过程中可以体现出我是一个重情义的人	□	□	□	□	□

3.4 正式调研问卷及检验

3.4.1 正式调研量表的数据采集

(1) 数据收集与样本概况

在确定下私人关系价值的测量量表后，2019年5月到6月我们开展了正式调研问卷的发放和收集。调研对象除了东北财经大学的MBA、

EMBA学员之外，为了扩大样本的范围，我们还选取了首都经济贸易大学的MBA、EMBA学员及这些学校的学员通过私人关系所拓展的B2B企业的高管，增加了调研对象的多样性。调研方式还是采用现场发放填写问卷、留置问卷和网络填写问卷三种方式。正式调研共发放问卷350份，对重复答案题项过多和未填写题项过多的问卷进行过滤得到有效问卷303份，回收有效率为86.6%，问卷数量达到测量题项数量5倍以上的要求（Nunnally和Bernstein，1994；林新，2013）。调研样本情况如表3-8所示。

表3-8 **正式调查问卷样本概况**

指标描述		比例	指标描述		比例
产业类型	第一产业	11.6%	公司年限	3年及以下	64.5%
	第二产业	38.3%		4~9年	25.4%
	第三产业	50.1%		10年以上	10.1%
员工人数	50人及以下	19.8%	公司性质	国有企业	10.1%
	51~100人	34.6%		民营企业	57.4%
	101~300人	40.7%		三资企业	32.5%
	301人及以上	4.9%			
收入规模	1 000万元及以下	8.6%			
	1 001万元~5 000万元	19.3%			
	5 001万元~4亿元	34.2%			
	4亿元(不含)以上	37.9%			

（2）题项的描述性统计分析

在对题项作进一步分析之前，我们对各题项进行描述性统计分析，各题项的均值从3.48到4.16不等，标准差从0.98到1.20不等，结果如表3-9所示。结果性价值（OV）5个题项得分均值在3.66~4.12之间，标准差在0.99~1.20之间，维度总体平均得分3.95，标准差1.11；程序性价值（PV）4个题项得分均值在3.88~4.16之间，标准差在1.01~1.13之间，维度总体平均得分4.06，标准差1.09；情感性价值（EV）5个题项得分均值在3.48~4.16之间，标准差在0.98~1.08之间，维度总体平均得分3.81，标准差1.04。

表3-9 描述性统计分析

代码	题项	均值	标准差
OV1	合作过程中，我能了解到真实的产品信息	3.96	1.17
OV2	合作过程中，我能了解到对方想达到的直接目的	4.12	0.99
OV3	合作公司的高管朋友能站在我的角度帮我进行决策	3.66	1.15
OV4	合作公司的高管朋友总是能够为我提供超出基本服务/产品的卓越价值	3.99	1.20
OV5	与合作公司开展业务是非常经济划算的事情	4.02	1.05
PV1	与合作公司开展业务，省去了很多程序性的步骤	4.06	1.11
PV2	与合作公司高管业务上的沟通总是很顺畅	4.14	1.01
PV3	合作双方在业务中可根据需要调整程序	3.88	1.12
PV4	与合作公司的高管开展业务总是会非常高效	4.16	1.13
EV1	与合作公司的高管打交道使我觉得很安心、踏实，不会担心对方的信用问题	3.79	0.98
EV2	与合作公司高管交流是非常愉快的	4.16	1.04
EV3	合作中出现问题时能多为对方考虑，商量解决办法	3.81	1.06
EV4	合作中没有什么需要额外担心的	3.48	1.05
EV5	与合作公司的高管打交道过程中可以体现出我是一个重情义的人	3.81	1.08

3.4.2 正式调研量表的信度和效度分析

（1）信度检验

经过分析计算，正式调研量表中各题项Cronbach α系数均超过了0.7的最低标准（结果性价值OV=0.905；程序性价值PV=0.897；情感性价值EV=0.891），表明量表具有较好的内部一致性。各题项CITC值也都达到了我们设定的剔除标准0.5以上，量表各题项得到保留。正式量表的内部一致性信度检验见表3-10。

表3-10 **正式量表的内部一致性信度检验**

维度	题项编码	CITC值	删除题项后的Cronbach α值	Cronbach α值
结果性价值 OV	OV1	0.676	0.882	0.905
	OV2	0.659	0.893	
	OV3	0.647	0.864	
	OV4	0.710	0.871	
	OV5	0.698	0.880	
程序性价值 PV	PV1	0.609	0.862	0.897
	PV2	0.632	0.873	
	PV3	0.618	0.885	
	PV4	0.596	0.896	
情感性价值 EV	EV1	0.581	0.887	0.891
	EV2	0.666	0.879	
	EV3	0.634	0.865	
	EV4	0.613	0.882	
	EV5	0.684	0.890	

（2）效度检验

效度则是指量表可真正测量出其所欲衡量概念的程度，而结构效度是决定量表效度的关键性指标。学术界通常认为量表的结构效度可从两方面来衡量（Campbell和Fiske，1959）：一是收敛效度（Convergent Validity），也叫聚合效度。它是指采用不同测量方法对某一概念进行测量时，所获得的不同结果之间的相关程度，即不同测量方式应在相同特征的测定中聚合在一起，如果相关程度高说明量表收敛效度高，否则说明量表收敛效度低。二是区别效度（Discriminant Validity）。它是指采用不同测量方法对不同概念进行测量时，所获得的不同结果之间的相关程度，相关程度高说明量表区别效度低，相关程度低说明量表区别效度高。可以看出，结构效度要求一个好的量表不仅要求测量相同概念的不同方法所得结果之间相关，即收敛效度高，还要求测量不同概念的不同方法所得结果之间无关，即区别效度高。两种效度的检验都要用到相关分析的方法，需要检验结构效度的目标测验与其他测验的相关就是区别效度系数，相关系数越大，聚合效度越大，区分效度越小。在结构效度检验的方法中，探索性因子分析的方法应用比较广泛，另外有学者建议结合MTMM（Multitrait-Multimethod Matrix）方法检验结果共同对量表结构效度进行评价（Straub，1989）。由于因子分析方法应用相对成熟，这里我们首先使用这种方法对量表结构效度进行初步的检验。

因子分析方法最早是由英国心理学家Charles Spearman（1904）提出的，受限于当时的研究条件，当时的因子分析只适用于单因子的情况下，后来经过其他科学家的努力探索，因子分析方法得到了不断改进，多元因子分析成为后来研究的主流方法。时至今日，我们依然在采用当时的因子分析思路，即通过某些标准从量表多个题项中提取出公因子，以达到对测量工具降维的目的。目前，因子分析方法主要可分为两大类：一是探索性因子分析，这种分析方法的操作思路是通过设定某些标准，从量表测量题项中提取出若干个公因子，并计算各公因子和各测量题项之间的相关程度和解释程度，从而表明量表的真实内在结构；二是验证性因子分析，这种分析方法主要是对探索性因子分析结果的再次验证，通过对探索性因子分析中得到的概念构成模型与实际数据拟合程度进行分析，进一步检验因子提取数量和因子结构与理论假设的一致性程度。

探索性因子分析是用以决定一个结构性概念是由几个维度构成的。一个典型的探索性因子分析流程是：①设计量表题项并收集测量数据；②计算各题项协方差矩阵，主要使用Bravais-Pearson相似系数矩阵法；③对协方差矩阵进行验证，主要采用KMO检验、巴特利特球形检验等方法；④计算因子载荷并提取因子，主要采用主成分分析法和因子分析法；⑤确定因子个数，主要采用Kaiser准则和Scree测试；⑥对提取出的因子进行解释。

探索性因子分析法的优点主要有三个：一是这种方法流程清晰明了，便于操作；二是这种方法适用于量表题项较多的情况；三是这种方法是开展其他因子分析的基础，与其他方法结合使用效果更佳。

在做探索性因子分析之前，我们先要对正式调研数据进行KMO检验和巴特利特球形检验，SPSS分析后，KMO值为0.796，sig.值为0.0019，小于0.05，表明数据适合做因子分析。

方差极大化旋转后，按照特征根大于1的标准，提取出3个因子，累计解释方差提取出3个特征值大于1的因子，累计解释方差率69.487%。各因子载荷情况见表3-11，结果性价值各题项在因子1上的载荷系数在0.690~0.886之间，均超过0.5的最低标准，且没有发生跨因子负载情况；程序性价值各题项在因子2上的载荷系数在0.765~0.812之间，均超过0.5的最低标准，且没有发生跨因子负载情况；情感性价值各题项在因子3上的载荷系数在0.687~0.790之间，均超过0.5的最低标准，且没有发生跨因子负载情况，上述结果表明量表具有一定收敛效度。

表3-11 **正式量表探索性因子分析**

题项编码	因子		
	1	2	3
OV1	0.856		
OV2	0.886		
OV3	0.865		
OV4	0.798		
OV5	0.690		
PV1		0.812	
PV2		0.787	
PV3		0.798	
PV4		0.765	
EV1			0.790
EV2			0.785
EV3			0.746
EV4			0.712
EV5			0.687

（3）量表结构的分析

为了验证本研究所提出的私人关系价值的3个维度14个题项结构上的优越性，我们按照Anderson和Gerbing（1988）提出的方法，构建了5个可比模型。这5个模型分别是将14个题项作为整体单维度评价的模型

1；包含结果性价值和程序性价值的模型2；包含结果性价值和情感性价值的模型3；包含程序性价值和情感性价值的模型4；本研究的私人关系价值三维度理论模型5。下一步，我们分别对各模型进行验证性因子分析，结果如表3-12所示。

表3-12　**各模型验证性因子分析结果**

模型	χ^2	df	χ^2/df	GFI	AGFI	NFI	CFI	RMSEA	RMR
模型1	2932.569	94	31.198	0.540	0.432	0.810	0.810	0.200	0.117
模型2	1879.992	93	20.215	0.639	0.558	0.837	0.846	0.155	0.108
模型3	1858.545	93	19.984	0.648	0.567	0.846	0.855	0.154	0.078
模型4	1803.150	93	19.389	0.648	0.567	0.846	0.846	0.151	0.090
模型5	350.811	91	3.855	0.928	0.801	0.882	0.982	0.067	0.037

图3-2就是其中的模型5，即私人关系价值三维度理论模型的路径图。

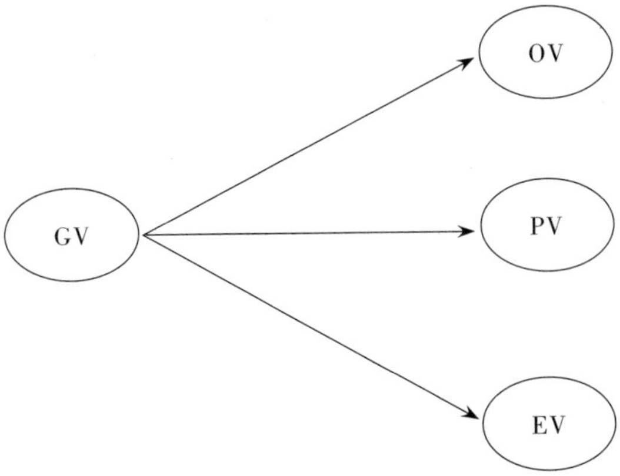

图3-2　私人关系价值三维度理论模型路径图

在本研究中，我们既采用了包括χ^2、GFI、AGFI在内的绝对指标来评价模型拟合度（Goodness-of-fit），还采用了包括χ^2/df、CFI、NFI在内的相对指标来比较不同模型之间拟合程度的强弱。卡方值χ^2是用来检验被限定的协方差矩阵$\sum(\theta)$与未被限定的样本协方差矩阵S之间的接近程度。一般来说，χ^2值越小，则代表假设模型与完美模型之间的拟合程度越高。然而，χ^2统计量在应用时必须谨慎，因为其对样本大小会有较高的敏感度。而χ^2/df是用来衡量不同模型之间拟合程度的相对指标，现有理论认为χ^2/df在2.0~5.0之间表示模型具有合理的拟合度。GFI与AGFI两个指标属于绝对拟合度指标，即未与其他模型进行比较，这两个指标的主要差异在于AGFI针对模型中的自由度做过调整。许多学者研究发现，在大样本下，采用绝对拟合指标进行检验会产生过强统计力的问题。因此，可以采用相对拟合度指标来检验模型的拟合程度。其中，NFI与CFI指标为增值拟合度指标，增值拟合度指标通常是将待检验的假设理论模型与独立模型进行比较，以判别模型的拟合度，值通常介于0~1之间，越接近1表示模型拟合度越好，越小表示模型拟合度越差，大于0.9即表示模型与数据契合。RMR（Root Mean Square Residual）表示实测矩阵与模型矩阵相减后，获得的残差平方和的平方根，可以理解成拟合残差。当两个矩阵差异很小时，RMR值也会很小。因为RMR值会受到变量之间单位不同（测量尺度不同）的影响，因此会出现变量不同，RMR值大小无法比较的情况。基于这个原因，如果将残差进行标准化，就出现了另一个拟合指标SRMR（Standardized Root Mean Square Residual），表示标准化残差平方和的平方根。一般而言，RMR值和SRMR值在0.1以下时可以接受。RMSEA（Root Mean Square Error of Approximation）表示渐近残差平方和的平方根。当模型能够完全拟合实际数据时，差异函数值等于0，此时，RMSEA值等于0。一般来说，当RMSEA值高于0.1时，表示模型的拟合度差；如果RMSEA值小于0.1，表示模型的拟合度是可以接受的，如果小于0.05，则表示模型拟合效果较好。

从表3-12的分析结果中可以看到，我们提出的私人关系价值三维度理论模型（模型5）各项拟合优度指标均符合相关标准要求（χ^2/df=3.855<5；GFI=0.928>0.9；AGFI=0.801>0.8；CFI=0.982>0.9；RMR=0.037<0.05；RMSEA=0.067<0.1），并且优于其他假设模型拟合优度指标（模型1~模型4绝对拟合优度指标、相对拟合优度指标和拟合残差均没有达到相关标准要求）。因此，我们提出的私人关系价值三维度相关结构模型是最佳测量模型。

(4) 区别效度分析

接下来我们采用两种方法来检验模型区别效度。

首先，我们运用Hatcher（1994）提出的方法来检验私人关系价值各维度的区别效度。我们通过对3个维度进行两两配对比较检验，即对比限制模型的χ^2值与非限制模型的χ^2值，如果差值较大，则认为两个维度间区别效度高。分析结果如表3-13所示，3个维度两两配对三组结果（结果性价值×程序性价值；结果性价值×情感性价值；程序性价值×情感性价值）的$\Delta\chi^2$值均通过显著性检验，表明非限制模型和限制模型之间差异显著，非限制模型拟合效果更佳，这说明私人关系价值三维度模型具有较好的区别效度。

表3-13 **私人关系价值各维度的区别效度分析之一**

配对维度	非限制模式		限制模式		$\Delta\chi^2$
	χ^2	自由度	χ^2	自由度	
结果性价值OV×程序性价值PV	223.17	35	1 478.37	36	1 287.35
结果性价值OV×情感性价值EV	276.96	47	1 841.76	48	1 489.69
程序性价值PV×情感性价值EV	163.76	37	1 607.35	38	1 423.65

另外，我们还利用Fornell和Larcker（1981）提出的平均方差提取量（AVE值）检验方法，计算私人关系价值各维度负荷量平方和的平均值。分析结果如表3-14所示，各维度的AVE值分别为结果性价值（OV）0.81、程序性价值（PV）0.82、情感性价值（EV）0.77，均大于其他两个维度的相关系数，再次表明量表具有较好的区别效度。

表3-14 **私人关系价值各维度的区别效度分析之二**

	结果性价值OV	程序性价值PV	情感性价值EV
结果性价值OV	0.81		
程序性价值PV	0.65	0.82	
情感性价值EV	0.64	0.61	0.77

(5) 收敛效度

Fornell与Larcker（1981）同时指出，可以使用组成信度（CR值）和平均方差提取量（AVE值）两个指标对结构变量潜在构成因素的内部一致性信度和收敛效度进行评价。另外，我们还采用R方值（SMC

值）来对观测变量信度进行评价；利用标准化因子载荷系数对观测变量效度进行评价。

分析结果如表3-15所示，各测量题项SMC值处于0.52~0.75之间，均大于0.5，具有可接受的信度；3个潜在变量CR值分别为结果性价值（OV）0.926、程序性价值（PV）0.906、情感性价值（EV）0.908，也都高于0.5的通用标准，说明模型具有较好组成信度。各测量题项标准化载荷系数处于0.72~0.86之间，均高于0.6的通用标准，3个潜在变量AVE值分别为结果性价值（OV）0.709、程序性价值（PV）0.707、情感性价值（EV）0.627，也都高于0.5的通用标准，说明模型具有较好的收敛效度。

表3-15 **私人关系价值各维度的收敛效度分析**

维度	题项编码	标准化因子负荷	T值	SMC（信度）	标准化误差项	组成信度	平均方差提取量
结果性价值	OV1	0.75	25.91	0.56	0.32	0.926	0.709
	OV2	0.83	29.50	0.69	0.19		
	OV3	0.78	26.87	0.62	0.31		
	OV4	0.84	30.11	0.70	0.17		
	OV5	0.86	31.21	0.75	0.13		
程序性价值	PV1	0.78	26.7	0.62	0.28	0.906	0.707
	PV2	0.85	30.00	0.73	0.15		
	PV3	0.78	26.92	0.62	0.26		
	PV4	0.86	30.6	0.75	0.13		
情感性价值	EV1	0.78	26.88	0.62	0.28	0.908	0.627
	EV2	0.78	27.18	0.62	0.26		
	EV3	0.79	27.62	0.64	0.24		
	EV4	0.76	25.84	0.58	0.31		
	EV5	0.72	25.37	0.52	0.36		

（6）二阶验证性因子分析

前述验证性因子分析可以看到，私人关系价值三维度之间存在相关性，因此需要进行二阶因子分析以确认模型收敛效度。二阶因子分析是假定在一阶因子分析提取出的3个潜在变量之上还有一个更高级别的潜在变量，我们可以对其进行重新定义。二阶因子虽然不能使用各题项观测变量进行直接评价，但可以通过二阶因子与一阶因子之间的路径系数来间接评价。

分析结果如表3-16所示，二阶因子与一阶因子之间标准化路径系数均高于0.7的通用标准（结果性价值OV为0.83、程序性价值PV为0.72、情感性价值EV为0.87）。另外，二阶因子分析模型各项拟合优度指标也都符合相关标准要求（χ^2/df=3.33<5；GFI=0.92>0.9；AGFI=0.83>0.8；CFI=0.96>0.9；RMSEA=0.071<0.1；RMR=0.051<0.1）。可见，我们提出的3个维度因子较好地收敛于私人关系价值这一概念。

表3-16　　**量表的二阶验证性因子分析**

观察变量			潜在变量		
题项编码	标准化因子负荷	SMC（信度）	标准化结构系数	SMC（信度）	T值
OV1	0.75	0.56	0.83	0.713	23.46
OV2	0.83	0.69			
OV3	0.78	0.62			
OV4	0.84	0.70			
OV5	0.86	0.75			
PV1	0.78	0.62	0.72	0.523	19.13
PV2	0.85	0.73			
PV3	0.78	0.62			
PV4	0.86	0.75			
EV1	0.78	0.62	0.87	0.781	23.87
EV2	0.78	0.62			
EV3	0.79	0.64			
EV4	0.76	0.58			
EV5	0.72	0.51			

模型	χ^2	df	χ^2/df	GFI	AGFI	NFI	CFI	RMSEA	RMR
二阶因子模型	379.68	114	3.33	0.92	0.83	0.97	0.96	0.071	0.051
一阶三因子模型	379.68	102	3.72	0.93	0.87	0.97	0.97	0.075	0.043

3.5 本章小结

首先，我们利用文献回顾和定性访谈的方法对私人关系价值的维度和每个维度所包含的题项进行了初步界定，认为私人关系价值包含结果性价值、程序性价值和情感性价值三个维度，每个维度各有5个题项，共15个题项。

其次，我们进行了预调研的设计，通过向MBA、EMBA学员及其通过私人关系拓展出的公司高管发放调研问卷，采集量表表现数据。对采集到的数据进行必要的净化后，我们对初始量表进行内部一致性信度分析和探索性因子分析，对不符合筛选标准的问卷题项进行删除，实现对初始量表的净化，并形成正式调研问卷。其中结果性关系价值包含5个题项、程序性关系价值包含4个题项、情感性关系价值包含5个题项，共14个题项。

最后，在收集新一轮的正式调研数据后，对量表的信度和效度进行检验，利用验证性因子分析的方法对模型拟合优度进行对比分析，结果表明我们提出的三维度私人关系价值量表具有较好的可靠性和有效性，并展现出比其他模型更好的拟合优度水平，为本研究后面的章节打好根基。

4 研究模型与假设

企业绩效的提升一直以来是理论界和实践界关注的问题。企业存在的意义在于通过创造客户价值、传递客户价值，满足客户需求（林新，2013）。现在中国特色社会主义市场经济蓬勃发展，数字化进程加快，电子商务的普及让更多小微企业可以以低成本来服务细分市场的客户，传统BtoB企业面临多重挑战。在这种大环境下，企业就更需要想尽办法提升企业绩效，这样才能在竞争中立于不败之地。在BtoB领域里，私人关系在企业间的合作中起到了重要的作用。但这种作用是如何发生的，又在哪些条件下能更好地发挥作用等问题需要进一步探讨。

本研究以企业绩效为理论模型的最终因变量，探讨私人关系的三个方面，即私人关系质量、私人关系数量和私人关系能量通过私人关系价值这个中介变量对企业绩效的影响机制。在第3章中，我们已经对整个框架模型中的中介变量——私人关系价值的价值量表进行了开发、检验，以点带面，对于整个框架模型我们也遵循文献回顾—模型建立—假设提出—模型检验的实证研究范式开展相关研究。

4.1 模型构建

4.1.1 私人关系的三个方面

私人关系是一个多方面的概念，如果仅仅使用私人关系质量来代替私人关系的全部，探查其对其他因素的影响就很难获得准确的结果（Palmatier等，2006）。这是目前研究中普遍存在的一个问题，因此本研究认为有必要对私人关系的概念进行重新界定。在第2章中，通过对现有文献研究的提取与总结，基于社会网络理论，把私人关系划分为私人关系质量、私人关系数量和私人关系能量三个方面。

（1）私人关系质量。Van Den Bulte和Wuyts（2007）认为社会网络理论中关系强度的概念在某种程度上与私人关系质量的概念是一致的。社会网络理论研究的先驱者Granovetter（1973）率先提出了关系强度的概念，并认为弱关系在某种程度上比强关系给关系网络带来的益处更多。弱关系理论颠覆了传统社会网络分析的方法，该理论认为社会关系主体之间（人与人、组织与组织、人与组织）通过沟通形成了纽带关系，对这些关系不再按照传统的社会阶层、关系主体属性等进行分类，而是按照关系的强度分为强关系和弱关系，两类关系在关系主体之间尤其是关系网络之间发挥着不同的作用。

（2）私人关系数量。社会网络的一个衡量指标是社会网络密度。社会网络密度是指社会网络中各成员之间形成关系的密集程度，通过计算网络中实际存在的关系数量与理论上可能存在的关系数量之比得到，网络成员之间的关系数量越多，该网络的密度越大，成员行为和态度受到网络密度的影响也越大。私人关系数量类似于社会网络密度，既可以表现为网络成员之间的关联程度，又可以表现为特定成员与其他网络成员之间的直接联系的数量。

（3）私人关系能量。私人关系能量与社会资本相联系。社会资本的概念是由Pierre Bourdieu（1980）首次提出的，他认为社会资本是一种资源，而这种资源是同某种持久性的网络占有分不开的，它可以为所有者个人带来好处。Coleman（1988）在前人观点的基础上提出，社会资本是一种社会结构性资源，它是一种个人财产，由社会团体数量、社会网络规模、网络资源获取三个方面要素构成，广泛存在于社会团体关系网络中。这种资源只能由其成员通过网络联系获得相应回报，因此成员参与的社会团体数量越多、个人社会网络规模越大、个人从网络中获取的资源越多，说明其拥有的社会资本越多，获得的回报越大。私人关系能量与网络内容的吸引力和网络伙伴的社会资本相关，网络伙伴具有独特的知识、技能和影响资源决策的能力（Anderson等，1994）。

综上所述，私人关系的衡量可以从私人关系的质量、私人关系的数量和私人关系的能量三个方面来着手。本书也将从这三个方面衡量私人关系，并探查私人关系、私人关系价值对企业绩效的影响路径。

4.1.2 私人关系、私人关系价值和企业绩效的关系构建

理论界和实践界将私人关系作为一种社会资源，一致认为其能够有效提升企业绩效。学者们一直致力于探查私人关系对企业绩效的影响机理，进而能够指导企业开展具体实践。Coleman和James（1988）认为私人关系作为一种社会资本，包含了代表着权力、地位、信息等属于社会结构资源的资本财产。当个人或组织拥有了社会网络身份，就增加了获取外界信息资源的触角，从而及时获得有价值的信息，减少信息不对称性，从而做出更有利于自身的决策，这正是私人关系价值的体现。Inkpen和Tsang（2005）认为关系网络的存在促进了信息资源在网络成员之间的共享，网络成员可利用这些信息获取的便利获得好处，即产生私人关系价值。社会资本能够降低信息不对称，降低风险，提升合作企业的私人关系价值，最终促进合作行为的发生，提升企业绩效。由于私人关系质量中包含了互惠、信任、相互帮助等含义，因此也可以运用互惠理论来解释私人关系对企业绩效的作用原理。Gouldner（1960）指出互惠是一种潜在的、默认的社会交易准则，交易一方提供了资源后，另一方有义务做出回报。Alam（2002）认为私人关系可以通过增进关系双方之间的信任，促进关系双方之间的合作，减少交易矛盾和摩擦，降低交易成本，从而增加企业绩效。Palmatier（2008）认为互惠原则的存

在使得企业与其利益相关方之间能够加强合作和彼此适应，提高交易效率，互相分担交易风险，互相提供帮助，从而使交易各方从关系中获得好处。

从上面的回顾和分析中可以看到，企业绩效往往受到私人关系的正向影响，其影响路径表现为私人关系降低了企业与顾客之间的风险，减少了信息的不对称性，让客户获得更加有市场价值的信息以提升个人和战略价值，也对市场有了更好的判断，最终促成了长久的合作意愿，进而提升绩效。降低企业与顾客之间的风险、减少了信息的不对称性是私人关系价值的情景维度；让客户获得更加有市场价值的信息从而提升个人和战略价值是私人关系价值的关系维度；对市场有更好的判断是私人关系价值的网络维度（Mandják和Durrieu，2001），因此，我们可以推论，私人关系作为企业绩效提升的资源，通过私人关系价值来完成企业绩效的提升。

同时，为了更好地探查在何种情境下私人关系的作用更大，我们分别找到了私人关系质量、私人关系数量以及私人关系能量与私人关系价值之间的调节变量，分别为服务比重、接触人员变更率和接触难度。

根据以上分析的内容，本书构建了如图4-1的研究模型。模型有两方面含义：一是私人关系数量、私人关系质量以及私人关系能量通过私人关系价值不同维度（结果性价值、程序性价值、情感性价值）影响企业绩效。二是服务比重、接触人员变更率、接触难度在私人关系与私人关系价值之间起到调节作用。

4.2 研究假设

对私人关系的理论价值和实践意义进行检验的重要标准就是看其是否有助于提升企业绩效。由于现有研究大多仅检验了私人关系质量对企业绩效的影响，鲜有涉及私人关系数量和私人关系能量对企业绩效的检验，因此，本书将对私人关系质量、私人关系数量和私人关系能量与企业绩效之间的关系进行检验；随后，更进一步地检验其影响路径，即私人关系的三个方面通过私人关系价值的三个维度对企业绩效的作用情况。

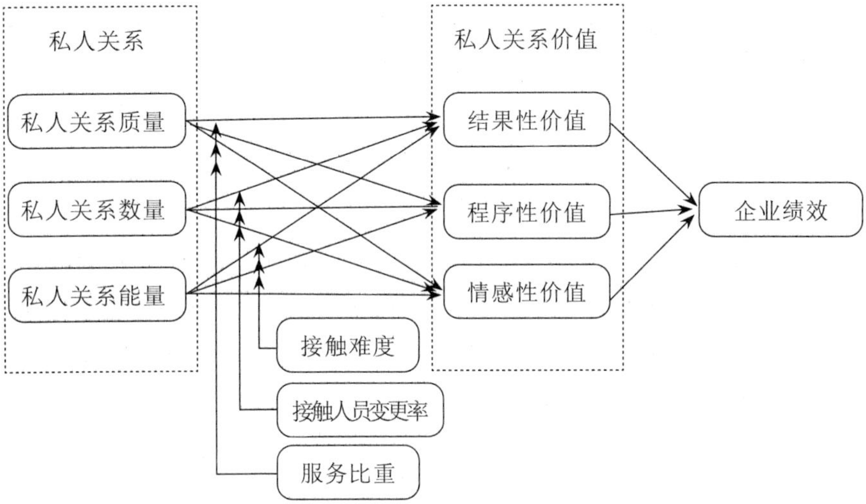

图 4-1　研究模型

4.2.1　私人关系的三个方面对私人关系价值的影响

（1）私人关系质量对私人关系价值的影响

交易成本理论从经济角度分析了私人关系价值产生的来源之一，即认为交易关系的建立使企业之间通过合作降低交易成本。按照此观点，企业之间稳定的合作关系增进了双方之间的信任，降低了对未来不确定性风险的感知，提高了对市场变化的应变能力，减少了交易过程成本，满足了企业降低成本的需要。Anderson 和 Weitz（1992）认为供应商和采购商之间关系的建立可以显著降低采购商风险，一方面相对于委托代理形式，相互信任的关系降低了采购商对不确定性的感知风险，降低了信息采集成本；另一方面相对于合同关系，相互信任的合作关系能够减少交易沟通成本和防止机会主义行为。

Crosby（1990）等人指出关系是决定企业与上下游利益相关方长期深入合作的一个重要影响因素，而上下游企业之间的持续合作对产业价值链整体绩效的提升具有重要意义。关系的这一作用主要体现为关系主体之间的信任和承诺会带来长期的合作、信息的互通、稳定性预期、感知风险降低、交易成本下降等好处。另外，长期的合作增进了双方之间的了解，此时选择退出关系意味着将面临寻找新的合作伙伴的搜索成本、适应成本和对未来不确定性风险的感知，影响整个供应链的运转。倪萍和阎伊（2004）认为维系良好的关系对于改进由于信息不对称、合同不完备等原因引起的诸如逆向选择、道德风险等问题具有积极的作用，同时关系成员之间的信任降低了合作伙伴之间对交易的感知风险，并为企业带来超越合同的交易灵活性。

私人关系在企业运营过程中具有重要意义，企业必须采取各种措施努力建立并维持与包括顾客在内的各利益相关方主体之间的私人关系，以从中获取更多利益（吴开亚和邸允柱，2003）。随着私人关系的发展，其对客户感知价值的影响愈加强烈，客户对价值的感知不仅仅存在于产品交易中，还存在于企业与客户的交互过程中，因此私人关系的质量直接影响着客户对价值的感知，对产品的评价可能会直接影响客户感知价值（张新国，2000）。白长虹与武永红（2000）指出私人关系对于价值创新具有的重要意义。私人关系主体之间的交互与接触有助于改善双方之间私人关系，增加对各自行为的容忍度，利于减少和化解双方冲突，使得私人关系双方能够更好地适应彼此需要。交易双方之间良好的私人关系有助于降低交易感知成本，增加交易感知收益，从而提高感知价值。基于以上研究成果，我们提出私人关系质量对关系价值有积极影响作用，具体假设如下：

假设H1：私人关系质量对结果性价值有积极影响作用。

假设H2：私人关系质量对程序性价值有积极影响作用。

假设H3：私人关系质量对情感性价值有积极影响作用。

（2）私人关系数量对私人关系价值的影响

私人关系数量直接影响了其可能获得商机的多少，私人关系数量的增加意味着信息获取来源的增加，因此高管掌握的私人关系数量越多，企业对交易信息的控制就越强（Burt和Celotto，1992）。另外有研究指出，随着社会关系网络中成员数量的不断增加，网络关系也会变得更加错综复杂，这种网络结构有利于成员之间增加交流沟通，促进信息和资源的共享（Rowley，1997）。私人关系数量概念除了绝对数值一层意思外，还有一层意思是指关系的多样性，即关系种类的数量。关系种类的多样性意味着交易渠道和交易资源的多样性。私人关系对象的多样化程度越高，越有利于关系主体获得不同渠道提供的差异化信息。

网络成员数量对信息传递的促进作用得到相关研究的证实。信息的控制、信息交流的有效性和信息传递都能够带来信息不对称性的降低，合作企业可以利用其多个私人关系带来的信息明朗交易过程中的博弈，最终带来成本的降低和交易产品质量的提升，从中获得收益（Wilson和Jantrania，1994）。私人关系数量的增加会在一定程度上形成关系网络，网络成员之间通过纵向或横向的沟通协调产生关系网络协同价值（林新，2013），网络成员之间的相互学习、互通有无有助于提升企业竞争实力，这些都说明商业合作关系网络的建立有助于提升双方对私人关系价值的感知。高管私人关系数量越多，私人关系网络越复杂，企业获得商业资源的可能性越大。私人关系有助于企业通过增加与关系方企业的合作，获得更多商业机会，通过合作获取资源、学习强项、降低成本、减少风险，以便达成企业既定目标（Burt和Celotto，1992）。也就是说，私人关系数量越多，企业越能够从中获得在情景、关系以及网络层面的价值。据此我们提出私人关系数量对私人关系价值有积极影响，具体假设如下：

假设H4：私人关系数量对结果性价值有积极影响作用。

假设H5：私人关系数量对程序性价值有积极影响作用。

假设H6：私人关系数量对情感性价值有积极影响作用。

（3）私人关系能量对私人关系价值的影响

Wasserman（1994）认为私人关系能量来源于私人关系主体拥有的社会地位、权力、威信等，它表示私人关系的有用性。私人关系主体拥有的社会地位越高、权力越大、知识技能越专业、信息渠道越畅通、掌握的稀缺资源越多，那么就说明其拥有的私人关系能量越大。Luteberget（2005）认为客户所具备的创新能力越强，越能够为企业提供有意义的意见，帮助企业不断改进提升，促进企业绩效目标达成。私人关系能量越大，企业越容易获得客户有意义的建议，帮助提升情景层次私人关系价值；同时，私人关系能量越大，越能够帮助关系拥有方获得资源并学习技能，创造出新的稀缺或不可模仿的能力，增加私人关系价值；由于私人关系能量越大，能提供的信息越有价值，因此，私人关系拥有方可以通过强大的私人关系能量完成信息的探求，获得市场以及竞争对手等相关的重要信息，提升网络层次下私人关系价值。据此，我们提出私人关系能量对私人关系价值有积极影响，具体假设如下：

假设H7：私人关系能量对结果性价值有积极影响作用。

假设H8：私人关系能量对程序性价值有积极影响作用。

假设H9：私人关系能量对情感性价值有积极影响作用。

4.2.2 私人关系价值对企业绩效的影响

学术界对私人关系价值与企业绩效之间直接关系的研究目前还比较有限，多是针对私人关系价值与企业绩效的前因变量（如忠诚、收益、成本等）之间关系的研究。Gwinner等（1998）以及Henning-Thurau等（2002）探查了私人关系价值中的信心收益、社会收益、特别待遇收益三种收益与忠诚和口碑传播的关系，发现客户从私人关系中获取的收益越多，其对企业的忠诚度越高，越倾向于对企业进行正面口碑传播。Helfert等（2002）的研究结果表明私人关系价值是客户忠诚最直接的前因变量。Ulaga等（2003）则证明了私人关系价值会直接影响客户的重购倾向。Yen等（2003）在互联网环境下证实了信心利益和特殊待遇利益会对顾客忠诚有正向影响。张广玲和武华丽（2007）依据社会交换理论分析了顾客与企业之间的私人关系。顾客忠诚和口碑传播都能够直接促进企业绩效提升的观点已经被证实并接受，因此，本书做出如下假设：

假设H10：结果性价值对企业绩效有积极影响作用。

假设H11：程序性价值对企业绩效有积极影响作用。

假设H12：情感性价值对企业绩效有积极影响作用。

4.2.3 调节变量

调节变量的作用体现在对已知两个相互关联的变量之间的关系方面，在调节变量的不同水平上，这种关系的强度和变化方向会有所不同。在现有研究基础上增加对调节变量作用的探查是进行理论研究的一种主要模式。对调节变量进行研究的意义在于，能够对现有理论研究的适用范围和限制条件进行明确的界定，提高了理论对现实的指导意义和操作价值，是对现有理论的有益拓展。本研究即探查在什么情况下，私人关系质量、私人关系数量和私人关系能量对私人关系价值的影响更大。

研究私人关系的三个方面与研究私人关系价值之间的联系的一个重要方面就是要看这种联系会不会受到其他变量的影响。这就需要研究哪些因素会影响私人关系与私人关系价值之间的联系。换句话说就是要研究哪些变量在私人关系与私人关系价值之间起调节作用。经典权变理论认为，企业行为的有效性取决于与环境因素的契合程度（Donaldson，2001；Drazin和Van De Ven，1985）。社会网络学者运用权变理论证明了社会网络对结果的影响也依赖于环境因素（Mohrman，2003；Stevenson和Greenberg，2000）。因此，对于私人关系的三个方面，都存在着能够影响其对私人关系价值产生影响的调节变量。

经过以上分析，在私人关系与私人关系价值之间的调节变量可能有很多，我们无法做到面面俱到。本研究仅选取在与企业高管的深度访谈中，被多个高管提到过的调节变量，再加上对现有文献理论的综合，同时结合企业在经营中的实际情况，选定了私人关系三个方面和私人关系价值三个维度之间的调节变量。本研究所选出的调节变量不是在私人关系与私人关系价值之间仅有的调节变量，但这三个调节变量的选取，再加上完成对这三个调节变量假设的验证，为今后的更加深入的研究奠定了基础。

（1）服务比重

私人关系质量提高了合作伙伴接受风险的意愿，增强了合作行为和适应行为，从而影响客户决策，并能提高卖方的销售额和利润。特别是在BtoB领域，由于信息不对称性以及成本降低的需求，客户对服务的销售者的依赖性更大，因此高质量的私人关系所带来的灵活性和合作性的增强对于服务客户应该更为重要（Pfeffer和Salancik，1978）。更具体地说，因为顾客不太可能事先完全评估服务，他们更愿意从与他们有高质量、灵活的关系的卖家那里购买服务。也就是说，相对于只涉及产品的交易，客户应该对那些在涉及服务的交易中体验到更高层次私人关系质量的卖方表现出更大的兴趣。与现有文献一致，私人关系质量对为客户提供更高服务比重的卖方的销售额和利润有更大的影响（Zeithaml等，1985）。

当服务比重增加时，合作双方之间的私人关系质量越好，越能够彼此信任，抵抗由服务比重增加而带来的不确定性和风险，齐心协力共同完成目标，提升结果性价值；当服务比重增加时，合作的程序和过程会变得更加复杂和具有不确定性，因此，具有良好的私人关系质量的合作双方能够因为双方的关系而彼此信任，为彼此考虑，提升程序性价值；当服务比重增加时，交易的风险也会增加，因此，合作双方较好的私人关系质量能够让彼此双方为对方考虑，增强合作完成的信心，以及对关系拥有的自豪感。因此，本书做出如下假设：

H13：随着服务比重的增加，私人关系质量与结果性价值之间的正向关联更大。

H14：随着服务比重的增加，私人关系质量与程序性价值之间的正向关联更大。

H15：随着服务比重的增加，私人关系质量与情感性价值之间的正向关联更大。

（2）接触人员变更率

私人关系数量代表了联系的纽带的多少，这些纽带可以通过提供获取信息来源和销售机会的途径，以及通过客户接触点的多样化来减轻接触人员流失的负面影响，从而提高公司的利润。这种观点反映了建议使用团队销售来减少销售人员流失对业绩的负面影响（Beatty等，1996）。拥有更多客户间联系（私人关系数量）的企业能够更容易地弥补任何特定关系联系的损失，通过将交易转移到另一个现有联系，或者用新的联系重新建立联系（通过其他关系联系的规范扩散加速）。

当接触人员变更率增加的时候，拥有更多私人关系将能够减少更换人员带来的信息、渠道的损失，提升结果性价值；当接触人员变更率增加的时候，拥有更多私人关系能够有更多弥补合作过程中出现问题的渠道，提升程序性价值；当接触人员变更率增加的时候，会造成信息和渠道的丢失，在这种条件下，只有拥有更多的私人关系，才能够给关系拥有者带来信息以及心灵上的满足感。综上所述，在人员变更率较高的情况下，私人关系数量对私人关系价值的影响更大，因此，本书做出如下假设：

H16：随着接触人员变更率的增加，私人关系数量与结果性价值之间的正向关联更大。

H17：随着接触人员变更率的增加，私人关系数量与程序性价值之间的正向关联更大。

H18：随着接触人员变更率的增加，私人关系数量与情感性价值之间的正向关联更大。

（3）接触难度

私人关系能量越大，越能够增加企业获取有价值的、非冗余的信息和能力，增加识别和克服销售障碍的途径，从而增强公司与客户一起提高销售和利润的能力。如果企业的决策者很容易接近，竞争对手就可以访问相同的信息，对销售定位做出响应，并建立自己的关系纽带，这就削弱了公司的一些好处。例如，一个认识并且能够访问其他销售者难以访问的关键决策者的销售者，应该从其更好的信息、更少的竞争和更强的克服销售障碍的能力中获得销售优势。因此，随着与客户接触的难度增加，私人关系能量对卖方从客户那里获得销售和利润的能力产生更大的影响（Park和Luo，2001）。

当接触难度增加时，私人关系能量能够帮助关系拥有者克服外界困难，获取更多真实有效的信息，完成最终目标；同时，私人关系能量能够帮助关系拥有者运用自身能力，根据合作内容的需要对完成目标的过程和步骤进行强有力的把控，让合作过程更为顺畅。关系拥有者的私人关系能量越大，越能够对关系对象产生信任，提升其对于项目完成的信心并提升自己对拥有这种关系的自豪感，因此，本书做出如下假设：

H19：随着接触难度的增加，私人关系能量与结果性价值之间的正向关联更大。

H20：随着接触难度的增加，私人关系能量与程序性价值之间的正向关联更大。

H21：随着接触难度的增加，私人关系能量与情感性价值之间的正向关联更大。

4.3 本章小结

首先，我们对私人关系的三个方面即私人关系质量、私人关系数量和私人关系能量概念进行了回顾，在此基础上对私人关系与企业绩效之间的作用机理进行了阐述，并提出服务比重、接触人员变更率和接触难度这三个变量对上述私人关系与企业绩效之间关系具有调节作用的设想。基于上述分析和设想，我们提出了研究的框架模型，主效应为私人关系数量、私人关系质量和私人关系能量三个方面通过私人关系价值对企业绩效产生影响，调节效应为服务比重、接触人员变更率和接触难度在私人关系与私人关系价值之间起到调节作用。

其次，基于相关理论和前人研究成果，我们对模型中变量之间的关系进行假设推导，主要包括私人关系质量对关系的结果性价值、程序性价值和情感性价值有积极影响；私人关系数量对私人关系的结果性价值、程序性价值和情感性价值有积极影响；私人关系能量对私人关系的结果性价值、程序性价值和情感性价值有积极影响；私人关系的结果性价值、程序性价值和情感性价值对企业绩效有积极影响；服务比重对私人关系质量与私人关系的结果性价值、程序性价值和情感性价值之间的关系有正向调节作用；接触人员变更率对私人关系数量与私人关系的结果性价值、程序性价值和情感性价值之间的关系有正向调节作用；接触难度对私人关系能量与私人关系的结果性价值、程序性价值和情感性价值之间的关系有正向调节作用。

5 研究设计、数据分析及假设检验

5.1 变量定义与测量

本研究涉及的变量包括私人关系的三个方面、私人关系价值的三个维度、三个调节变量以及企业绩效。关于私人关系价值的三个维度，我们在第3章中已经开发出了正式量表并且进行了一系列的检验。其他的变量的量表，我们也遵循学术界通行做法，借鉴相关领域研究成果，结合本研究具体情境，形成适合本研究需要的量表，并且经过检验从而形成信度和效度都满足要求的正式量表，整体研究的流程都是遵循第3章中陈述的步骤流程。

（1）私人关系质量的定义与测量

私人关系的定义有资源说和联系说两种视角，资源说视角认为私人关系能够为关系主体开展业务合作提供所需的包括信任、信息等在内的资源。但学者们也指出私人关系的资源属性是以其联系属性为基础的，毕竟在中国社会往来情境中，形成了“以人伦为经、以亲疏为纬”的人际网络联系。所以本书采用了联系说视角的私人关系定义，认为私人关系是一种关系主体之间通过交往互动形成的相互影响的心理联系（李春苗，2001）。

现有研究中的私人关系基本都是指代私人关系质量。在表5-1中，总结了现有研究中私人关系质量的维度，包括单维度和多维度测量方法。

表5-1 **现有研究中私人关系质量的测量题项**

作者	维度	测量题项
Lee等（2001）	单维	1.我很在乎自己的面子 2.我不愿欠别人人情 3.我们之间的关系是深厚的 4.我尽量创造交流机会
Leung等（2005）	单维	1.服务人员与我关系融洽 2.服务人员与我是互利关系 3.服务人员与我交流生活上的话题
Gu等（2008）	单维	1.管理层同权威人物有私交 2.管理层能够给我们提供信心 3.管理层能够获得政策支持 4.管理层能够获得政府公共资源 5.管理层能够获得融资或者上市的机会
Zhuang等（2008）	单维	1.我们经常一起参加社交互动 2.他们在生意上经常给予我照顾 3.节日或生日我会赠送他礼物 4.节日或生日他会赠送我礼物 5.我们是有较多共同点的一类人 6.我们会努力维持关系
Leung（2011）	单维	1.我们之间会互相照顾彼此利益 2.我们之间对彼此都非常认同 3.我们之间都主动帮助过对方 4.我们之间的关系非常深厚

续表

作者	维度	测量题项
Shou等（2011）	两维	一、维护面子 1.我对业务人员的不满不会当众表达 2.我会尽力维护业务人员的地位 3.对业务人员的建议我会注意场合 4.对业务人员的需求我会及时响应 5.我和业务人员之间互相帮助 二、感情投资 6.业务人员的私人节日我会赠送礼物。 7.我会在公共节日向业务人员表达祝福 8.我经常同业务人员一起吃饭 9.业务人员与我之间私交很好
Lee和Dawes（2005）	三维	一、面子 1.面子对我们来说很重要 2.我的面子来自于销售人员的敬畏 3.我们之间互相给面子 二、回报 4.销售人员帮助过我，我也会帮助他 5.我帮助过销售人员，他也会帮助我 三、感情 6.销售人员会赠送给我小礼物 7.销售人员会在活动期间给我邮寄明信片 8.我和销售人员是好朋友 9.销售人员让我满意，他也喜欢我

Gu等（2008）提出的私人关系量表主要研究的是企业管理层与政府官员之间的私人关系，而本研究是研究企业高管间的私人关系，因此对本研究借鉴意义不大。Lee等（2001）、Lee和Dawes（2005）和Leung（2011）三个研究对私人关系的研究主要关注的是客户与销售人员之间的私人关系，因此尽管三个研究遵循了严格的操作规范，并对私人关系内涵和测量进行了有益的讨论，但与本书的研究情境存在差异，故而没

有采用。Zhuang等（2008）通过对企业管理层与渠道商管理层之间的私人关系进行研究提出了私人关系量表，其研究情境和文化背景与本书都有相似之处，因此，我们也借鉴这一操作来对私人关系质量进行测量，并且做了一些调整，最终确定私人关系质量的测量量表如表5-2所示。

表5-2 **私人关系质量的测量量表**

代码	测量题项
GQ1	我和合作公司高管经常一起参加社交互动
GQ2	合作公司高管在生意上经常给予我照顾
GQ3	节日或特定纪念日我会赠送合作公司高管礼物
GQ4	节日或特定纪念日合作公司高管会赠送我礼物
GQ5	我认为我和合作公司高管是处在一个圈子里的人
GQ6	我和合作公司高管之间的关系是经过长期考验的

（2）私人关系数量的定义与测量

私人关系数量是指私人关系的多样性和数量的多少。我们遵循同样标准，确定私人关系数量的测量题项如表5-3所示，题项来源于Palmatier（2009）以及访谈结果。

表5-3 **私人关系数量的测量量表**

代码	测量题项
GR1	我与合作公司高管的私人关系能够为我提供更为多样的其他有利关系
GR2	合作公司高管中有具有不同技能和背景的人能够给我提供帮助
GR3	合作公司高管中很多人都与我有私人关系

（3）私人关系能量的定义与测量

私人关系能量来源于关系主体拥有的社会地位、权力、威信等，它表示私人关系的有用性。关系主体拥有的社会地位越高、权力越大、知识技能越专业、信息渠道越畅通、掌握的稀缺资源越多，就说明其私人关系能量越大（Wasserman，1994）。我们通过借鉴和调整完善，确定的测量题项如表5-4所示，题项来源于Palmatier（2009）以及访谈结果。

表5-4　　私人关系能量的测量量表

代码	测量题项
GE1	合作公司高管中有绝对决策权的人是我的朋友
GE2	合作公司高管能为我提供有价值的商业信息
GE3	合作公司高管为我的业务提供必要支持和帮助
GE4	合作公司高管能够给我开展业务提供必要资源

（4）私人关系价值的定义与测量

私人关系价值是指随着关系的发展，关系主体感知到的关系收益与关系成本之间的权衡。结果性价值是私人关系价值所带来的合作（产品和服务）能够满足其需求程度的偏好和评价。程序性价值是私人关系价值所带来的完成产品的过程能够满足其需求程度的偏好和评价。情感性价值是私人关系价值所带来的满足其情感需求的程度的偏好和评价。测量题项我们在第3章中已经得出，如表5-5所示。

表5-5　　私人关系价值的测量量表

代码	测量题项
OV1	合作过程中，我能了解到真实的产品信息
OV2	合作过程中，我能了解到对方想达到的直接目的
OV3	合作公司的高管朋友能站在我的角度帮我进行决策
OV4	合作公司的高管朋友总是能够为我提供超出基本服务/产品的卓越价值
OV5	与合作公司开展业务是非常经济划算的事情
PV1	与合作公司开展业务，省去了很多程序性的步骤
PV2	与合作公司高管业务上的沟通总是很顺畅
PV3	合作双方在业务中可根据需要调整程序
PV4	与合作公司的高管开展业务总是会非常高效
EV1	与合作公司的高管打交道使我觉得很安心、踏实，不会担心对方的信用问题
EV2	与合作公司高管交流是非常愉快的
EV3	合作中出现问题时能多为对方考虑，商量解决办法
EV4	合作中没有什么需要额外担心的
EV5	与合作公司的高管打交道过程中可以体现出我是一个重情义的人

（5）企业绩效的定义与测量

企业绩效是评价企业是否达成经营目标的重要指标。通过文献回顾我们发现，学术界对企业绩效的测量主要采用投资回报率、资产收益率、销售额增长率、市场份额等指标，如表5-6所示。

表5-6 **现有研究中关于企业绩效的测量题项**

作者	表述方式	操作化	测量题项
Hooley等（2005）	企业绩效	5题项	您公司的销售收入水平如何 您公司的市场份额水平如何 您公司的总体利润水平如何 您公司的利润率水平如何 您公司的投资回报率水平如何
Tse，Sin，Yau，Lee和Chow（2004）	企业绩效	4题项	您公司的销售额增长率如何 您公司的顾客保留率如何 您公司的投资回报率如何 您公司的市场份额水平如何
Morgan，Vorhies和Mason（2009）	市场有效性	4题项	您公司的市场份额增长情况怎么样 您公司获取新客户情况怎么样 您公司老客户对销量提升贡献如何 您公司利润增长情况如何
	盈利性	4题项	您公司主营业务利润率如何 您公司投资回报率如何 您公司销售回报率如何 您公司财务目标达成情况如何

本研究综合上述学者关于企业绩效的测量题项，同时参考定性访谈中所得到的结果，对企业绩效主要从销售指标和盈利指标两个方面来评价，其中销售指标的评价我们采用市场份额、销售额和利润增长率三个指标；盈利指标的评价我们采用投资回报率、资产收益率、利润率三个指标。评价方式选择上，考虑到数据的可获得性，我们采取主观评价的方式，主要原因在于：一是反映市场有效性绩效的客观数据是难以获取的（Morgan，2004），企业出于保密考虑或是调查对象掌握信息有限，因此客观财务数据的获得是不现实的；二是有研究已经发现企业客观绩

效表现与主观绩效评价之间存在显著正相关关系，因此可以用主观绩效评价数据来对企业绩效进行评价；三是处于不同发展阶段和不同行业环境、有不同规模特点的企业之间绩效差异受客观因素影响较大，因此采用客观数据衡量企业绩效不具有比较价值，而采用与竞争对手相比较的主观绩效评价则能更好地反映企业实际经营能力（Gatignon和Xuereb，1997）。在实际操作中，我们通过问卷设计，让调查对象对比所在企业与主要竞争对手在相关绩效指标上的差距，在评价方式选择上，考虑到数据的可获得性，我们采取主观评价的方式，事实上主观绩效和客观绩效之间存在较强正相关关系。另外，为了避免由于不同调研对象所处行业和市场环境不同造成的差异，我们采取相对绩效评价方式，各题项及表达方式如表5-7所示。

表5-7 **企业绩效的测量量表**

代码	测量题项
PF1	对比主要竞争者，我公司的市场份额如何
PF2	对比主要竞争者，我公司的销售额如何
PF3	对比主要竞争者，我公司的利润增长率如何
PF4	对比主要竞争者，我公司的投资回报率如何
PF5	对比主要竞争者，我公司的资产收益率如何
PF6	对比主要竞争者，我公司的利润率如何

（6）调节变量的定义与测量

在第4章中我们已经分析过如何在本研究中选取私人关系和私人关系价值之间的调节变量。根据深度访谈再加上对现有文献理论的综合，同时结合企业在经营中的实际情况，本研究得出了下面关于调节变量的测量量表。服务比重是指企业与客户在合作中无形性的服务占整个交易的比例，测量量表如表5-8所示；接触人员变更率主要是指企业与客户在合作中的联系人的变动情况，变动频繁则变更率较高，测量量表如表5-9所示；接触难度是指企业能够接触到客户方重要核心人物的难易程度，测量量表如表5-10所示。

表5-8 **服务比重的测量量表**

代码	测量题项
TC1	合作公司提供的服务占公司采购的比重较大
TC2	合作公司提供的服务对公司生产起到决定性的作用

表5-9 **接触人员变更率的测量量表**

代码	测量题项
PC1	同种业务我公司里所对口的部门会经常变化
PC2	我们公司负责业务的高管会经常发生变化

表5-10 **接触难度的测量量表**

代码	测量题项
PD1	客户公司想见我们公司的重要决策者比较难
PD2	客户公司很容易与我公司开展业务（反向计分）
PD3	我们公司决策者对客户要求很严苛
PD4	我们公司的审批和采购流程非常复杂

5.2 预调研量表的信度与效度分析

由于研究的文化背景、业务情境及研究对象的差异，为了确保研究结果的准确性，我们还需要对其信度和效度进行检验。本研究中所有题项初始量表的问卷发放与第3章中测试私人关系价值的初始量表的问卷发放一同进行。本研究对收回的193份有效的预调查问卷进行信度和效度的分析，按规则净化量表，最终形成正式调查问卷并得到数据。

5.2.1 预调研量表的信度分析

正如第3章中所述，学者们一般使用Cronbach α系数和项目-总体相关系数（CITC值）来检验量表的内部一致性信度，以达到量表净化的目的。根据通行标准（Churchill，1979），当Cronbach α系数值大于

0.7，CITC值大于0.5时，该题项予以保留；同时应当满足如果删除该题项后，Cronbach α系数值也应变化不大。此部分主要计算私人关系质量、私人关系数量、私人关系能量以及企业绩效的Cronbach α系数与CITC值分析结果，如表5-11所示。私人关系质量系数为0.928；私人关系数量系数为0.935；私人关系能量系数为0.899；企业绩效系数为0.930，均超过0.7的可接受标准；各题项CITC值处于0.722~0.922之间，超过0.5的可接受水平，说明量表具有较高一致性信度。

表5-11 **内部一致性信度检验**

变量	题项编码	CITC值	删除题项后的Cronbach α值	Cronbach α值
GQ 私人关系质量	GQ1	0.722	0.912	0.928
	GQ2	0.755	0.909	
	GQ3	0.727	0.912	
	GQ4	0.791	0.903	
	GQ5	0.817	0.899	
	GQ6	0.830	0.897	
GR 私人关系数量	GR1	0.903	0.857	0.935
	GR2	0.922	0.840	
	GR3	0.749	0.989	
GE 私人关系能量	GE1	0.733	0.874	0.899
	GE2	0.737	0.872	
	GE3	0.788	0.853	
	GE4	0.799	0.849	
PF 企业绩效	PF1	0.828	0.909	0.930
	PF2	0.809	0.912	
	PF3	0.809	0.911	
	PF4	0.809	0.912	
	PF5	0.700	0.925	
	PF6	0.782	0.915	

5.2.2 预调研量表的效度分析

（1）内容效度

该指标用于衡量测量工具的全面性，它是指题项能够代表所测变量的程度，当测量量表题项有多余或有遗漏时，就会表现出较低的内容效度。为了提高量表的内容效度，我们按照Churchill（1979）的建议，采用了互译的方法。

首先邀请一位企业管理专业教授和一位企业管理专业博士生，将我们的量表题项进行中英互译，这里我们要求两位翻译人员具有英语六级以上水平。对照翻译结果和原文，对那些差异显著的题项内容，我们将和两位翻译人员进行讨论，以确定准确的翻译结果。最后我们邀请五位MBA学员，他们分别是各自企业的高管，针对我们的量表内容进行深度访谈，以确定量表内容的表达准确程度。结果表明，五位学员对量表内容均能准确理解，量表内容效度较好。

（2）结构效度

该指标主要通过计算各题项在提取出的因子上的载荷系数，并按照一定标准（一般为载荷系数大于0.5，无跨因子载荷现象）对量表结构和题项相关性和预期属性进行判断。检验结构效度的探索性因子分析，应该将所有题项放在一起进行。

本研究使用主成分分析中的方差最大化正交旋转（Varimax）法，以特征1为标准提取因子，各题项载荷系数如表5-12所示，私人关系质量（GQ）因子载荷系数在0.807~0.889之间；私人关系数量（GR）因子载荷系数在0.876~0.974之间；私人关系能量（GE）因子载荷系数在0.850~0.893之间；企业绩效（PF）因子载荷系数在0.790~0.884之间。结果表明，各题项在公因子上的载荷系数均大于0.5，并且没有发生交叉负载的情况，说明各题项与理论分析中各变量一一对应，证实了各变量有较高的结构效度。

表 5-12　**探索性因子分析结果**

变量	测量题项	因子载荷
GQ 私人关系质量	GQ1	0.807
	GQ2	0.832
	GQ3	0.809
	GQ4	0.859
	GQ5	0.881
	GQ6	0.889
GR 私人关系数量	GR1	0.974
	GR2	0.966
	GR3	0.876
GE 私人关系能量	GE1	0.850
	GE2	0.852
	GE3	0.885
	GE4	0.893
PF 企业绩效	PF1	0.884
	PF2	0.871
	PF3	0.872
	PF4	0.871
	PF5	0.790
	PF6	0.852

5.3　正式调研及样本情况

预调研问卷收回后，我们对题项数据进行了信度和效度的检验，发现预调研问卷具有不错的可靠性和有效性，从而形成正式调研问卷。正式调研问卷的题项包括私人关系质量、私人关系数量、私人关系能量、结果性价值、程序性价值和情感性价值以及企业绩效等核心变量和服务比重、接触人员变更率、接触难度等调节变量。

正式调研问卷的发放与收集与第3章中的私人关系价值的三个维度的问卷一同进行，共回收有效问卷303份，符合有效问卷数量至少达到问卷中题项数量5倍的标准可以进行因子分析（Nunnally和Bernstein，1994；林新，2013）的要求。我们对回收的问卷进行了有效性判断，一是对有超过5%题项没有作答的问卷进行剔除；二是对有超过90%题项答案相同的问卷进行剔除。另外，按照研究规范，我们按照调研问卷回收顺序进行排序，对前20%问卷数据和后20%问卷数据进行独立样本T检验，结果表明样本数据间差异不显著（Armstrong和Overton，1977）。我们对调研数据进行的描述性统计如表5-13所示。

表5-13 **数据描述性统计**

代码	均值	标准差	代码	均值	标准差
GQ1	4.37	0.716	PV1	3.96	0.879
GQ2	4.25	0.833	PV2	4.12	0.842
GQ3	4.21	0.866	PV3	4.04	0.894
GQ4	4.24	0.823	PV4	4.10	0.890
GQ5	4.07	0.800	EV1	3.81	1.050
GQ6	4.04	0.815	EV2	4.16	0.837
GR1	4.37	0.761	EV3	4.20	0.805
GR2	4.32	0.846	EV4	3.97	1.070
GR3	4.35	0.748	EV5	4.33	0.808
GE1	3.94	0.860	PF1	4.22	0.857
GE2	4.18	0.832	PF2	4.12	0.865
GE3	4.13	0.737	PF3	4.31	0.803
GE4	3.99	0.759	PF4	4.30	0.819
OV1	4.17	0.790	PF5	4.31	0.803
OV2	4.25	0.706	PF6	4.41	0.787
OV3	4.40	0.766	PD1	4.35	0.751
OV4	3.91	0.943	PD2	4.34	0.843
OV5	3.87	0.957	PD3	4.22	0.755
TC1	3.43	0.843	PD4	4.33	0.741
TC2	3.32	0.821			
PC1	4.12	0.893			
PC2	4.16	0.851			

私人关系质量维度（GQ）各题项得分均值在4.04~4.37之间，维度总体标准差0.809；私人关系数量维度（GR）各题项得分均值在4.32~4.37之间，维度总体标准差0.785；私人关系能量维度（GE）各题项得分均值在3.94~4.18之间，维度总体标准差0.797；结果性价值维度（OV）各题项得分均值在3.87~4.40之间，维度总体标准差0.832；程序性价值维度（PV）各题项得分均值在3.96~4.12之间，维度总体标准差0.876；情感性价值（EV）各题项得分均值在3.81~4.33之间，维度总体标准差0.914；企业绩效（PF）各题项得分均值在4.12~4.41之间，维度总体标准差0.822。服务比重（TC）各题项得分均值在3.32~3.43之间，维度总体标准差0.832；接触人员变更率（PC）各题项得分均值在4.12~4.16之间，维度总体标准差0.872；接触难度（PD）各题项得分均值在4.22~4.35之间，维度总体标准差0.773。

5.4 正式调研量表的信度与效度分析

在前文中我们利用预调研数据分别对模型中各变量信度和效度进行了检验。为了确保模型中各变量测量的准确性，我们在正式调研后利用可靠性系数、探索性因子分析、验证性因子分析等方法对正式量表信度和效度进行了检验。

5.4.1 正式调研量表的信度分析

利用正式调研数据，计算各题项CITC值和各变量Cronbach α系数如表5-14所示，所有题项CITC值处于0.595~0.914之间，均大于通用标准0.5，各变量Cronbach α系数分别为：私人关系质量（GQ）0.935、私人关系数量（GR）0.921、私人关系能量（GE）0.889、结果性价值（OV）0.918、情感性价值（EV）0.876、程序性价值（PV）0.810、企业绩效（PF）0.924、服务比重（TC）0.881、接触人员变更率（PC）0.832、接触难度（PD）0.890，均大于0.7的通用标准，各量表均具有较好内部一致性信度。

表5-14　　内部一致性信度检验

变量	题项编码	CITC值	删除题项后的Cronbach α值	Cronbach α值
GQ 私人关系质量	GQ1	0.741	0.918	0.935
	GQ2	0.762	0.916	
	GQ3	0.740	0.918	
	GQ4	0.806	0.909	
	GQ5	0.830	0.906	
	GQ6	0.840	0.905	
GR 私人关系数量	GR1	0.859	0.866	0.921
	GR2	0.914	0.821	
	GR3	0.747	0.962	
GE 私人关系能量	GE1	0.723	0.854	0.889
	GE2	0.719	0.855	
	GE3	0.765	0.837	
	GE4	0.758	0.840	
OV 结果性价值	OV1	0.850	0.869	0.918
	OV2	0.821	0.875	
	OV3	0.763	0.888	
	OV4	0.804	0.850	
	OV5	0.742	0.892	
PV 程序性价值	PV1	0.649	0.752	0.810
	PV2	0.595	0.776	
	PV3	0.623	0.763	
	PV4	0.643	0.753	
EV 情感性价值	EV1	0.662	0.852	0.876
	EV2	0.666	0.854	
	EV3	0.736	0.836	
	EV4	0.704	0.844	
	EV5	0.747	0.832	
PF 企业绩效	PF1	0.813	0.899	0.924
	PF2	0.762	0.907	
	PF3	0.792	0.902	
	PF4	0.801	0.901	
	PF5	0.693	0.916	
	PF6	0.767	0.906	
TC 服务比重	TC1	0.742	0.865	0.881
	TC2	0.739	0.820	
PC 接触人员变更率	PC1	0.604	0.821	0.832
	PC2	0.656	0.813	
PD 接触难度	PD1	0.689	0.887	0.890
	PD2	0.704	0.888	
	PD3	0.709	0.887	
	PD4	0.723	0.869	

5.4.2 正式调研量表的效度分析

（1）探索性因子分析

在进行探索性因子分析前我们计算模型各变量KMO值分别为：私人关系质量（GQ）0.83、私人关系数量（GR）0.68、私人关系能量（GE）0.84、私人关系价值（GV）0.86、企业绩效（PF）0.74、服务比重（TC）0.79、接触人员变更率（PC）0.81、接触难度（PD）0.84，均大于0.5的最低标准，Bartlett's球形检验结果显著，模型适合做进一步的因子分析。我们采用主成分分析中的方差最大化正交旋转方法，以特征值1为标准提取因子，因子累计方差解释率为68.56%，各题项因子载荷系数均大于0.5且没有跨因子负载的情况，如表5-15所示，说明各概念测量量表具有较好的效度。

表5-15 探索性因子分析

变量	KMO	题项	因子1	因子2	因子3
GQ	0.83	GQ1	0.820		
		GQ2	0.836		
		GQ3	0.818		
		GQ4	0.869		
		GQ5	0.889		
		GQ6	0.896		
GR	0.68	GR1		0.945	
		GR2		0.968	
		GR3		0.877	
GE	0.84	GE1			0.845
		GE2			0.843
		GE3			0.874
		GE4			0.869

续表

变量	KMO	题项	因子1	因子2	因子3
GV	0.86	OV1	0.889		
		OV2	0.874		
		OV3	0.787		
		OV4	0.776		
		OV5	0.734		
		PV1		0.754	
		PV2		0.760	
		PV3		0.774	
		PV4		0.802	
		EV1		0.634	
		EV2			0.751
		EV3			0.788
		EV4			0.786
		EV5			0.824
PF	0.74	PF1	0.877		
		PF2	0.835		
		PF3	0.860		
		PF4	0.869		
		PF5	0.784		
		PF6	0.842		
TC	0.79	TC1	0.871		
		TC2	0.883		
PC	0.81	PC1		0.870	
		PC2		0.847	
PD	0.84	PD1			0.791
		PD2			0.820
		PD3			0.861
		PD4			0.841

（2）收敛效度

为了提高各题项测量结果的可靠性，同时实现稳定的参数估计，在进行验证性因子分析开始前，我们利用取平均值的方法，将原有各变量测量题项进行合并，使每个变量只有两个测量指标，如表5-16所示，并运用合并后的题项进行验证性因子分析。

表5-16 **合并指标的数据描述**

代码	包含题项	均值	标准差	代码	包含题项	均值	标准差
CGQ1	GQ1，GQ2，GQ3	4.28	0.805	CPV1	PV1，PV2	4.04	0.861
CGQ2	GQ4，GQ5，GQ6	4.12	0.813	CPV2	PV3，PV4	4.07	0.892
CGR1	GR1，GR2	4.35	0.803	COV1	OV1，OV2，OV3	4.27	0.754
CGR2	GR3	4.35	0.748	COV2	OV4，OV5	3.89	0. 950
CGE1	GE1，GE2	4.06	0.846	CEV1	EV1，EV2，EV3	4.06	0.898
CGE2	GE3，GE4	4.06	0.748	CEV2	EV4，EV5	4.15	0.939
CPF1	PF1，PF2，PF3	4.22	0.842	CTC1	TC1	4.10	0.710
CPF2	PF4，PF5，PF6	4.34	0.803	CTC2	TC2	4.20	0.683
CPC1	PC1	3.91	0.579	CPD1	PD1，PD2	1.87	0.640
CPC2	PC2	3.85	0.610	CPD2	PD3，PD4	1.92	0.596

我们对以上合并后的题项使用LISREL进行验证性因子分析，得到验证性因子分析的结果。理论模型χ^2/df的比值等于2.91，符合不超过3的标准；GFI等于0.92，AGFI等于0.91，亦达到0.9的最低标准；NFI等于0.96，CFI等于0.98，达到0.9的通用标准；RMSEA达到0.1的最低标准；RMR达到0.05的最低标准。可见，理论模型和数据拟合程度较好。

之后，我们用验证性因子分析来检测收敛效度。从表5-17中验证性因子分析结果可以看出，各指标的标准化负荷系数均在通用标准0.7以上；平均方差提取量（AVE）的值均在通用标准0.5以上，这说明各变量收敛效度均处于可接受水平。

（3）区别效度

区别效度是用来衡量概念之间差异程度的指标，我们用变量间相关

表5-17 **收敛效度分析结果**

潜变量	测量变量	标准化因子负荷	T值	AVE
GQ 私人关系质量	CGQ1	0.90	19.15	0.83
	CGQ2	0.92	19.65	
GR 私人关系数量	CGR1	0.91	19.87	0.76
	CGR2	0.83	17.62	
GE 私人关系能量	CGE1	0.96	22.21	0.86
	CGE2	0.89	19.78	
OV 结果性价值	COV1	0.91	20.58	0.78
	COV2	0.86	19.04	
PV 程序性价值	CPV1	0.82	17.79	0.69
	CPV2	0.84	18.48	
EV 情感性价值	CEV1	0.82	18.59	0.69
	CEV2	0.84	20.66	
PF 企业绩效	CPF1	0.78	14.39	0.65
	CPF2	0.83	15.25	
TC 服务比重	CTC1	0.81	14.92	0.68
	CTC2	0.84	15.51	
PC 接触人员变更率	CPC1	0.94	21.98	0.81
	CPC2	0.86	17.84	
PD 接触难度	CPD1	0.94	16.54	0.95
	CPD2	0.98	17.19	

系数与各变量平均方差提取量（AVE值）的平方根进行比较，来对区别效度水平进行判断。如果变量间相关系数较小，则说明概念之间差异程度显著。如表5-18所示，所有变量之间相关系数（对角线以下的数值）均小于平均方差提取量的平方根值（表中对角线数值），验证了各变量之间具有较好的区别效度。

表5-18 变量间相关系数

变量	GQ	GR	GE	OV	PV	EV	PF	TC	PC	PD
GQ	0.91									
GR	0.42	0.87								
GE	0.56	0.56	0.93							
OV	0.50	0.09	0.62	0.89						
PV	0.76	0.31	0.59	0.62	0.83					
EV	0.04	0.07	0.56	0.51	0.51	0.90				
PF	0.19	0.20	0.24	0.26	0.40	0.18	0.88			
TC	0.20	0.28	0.39	0.37	0.24	0.33	0.48	0.83		
PC	−0.21	−0.15	−0.17	−0.19	−0.22	−0.19	−0.34	−0.22	0.91	
PD	0.13	0.26	0.40	0.40	0.23	0.19	0.39	0.26	0.23	0.96

上述对量表可靠性和有效性的检验结果说明，我们提出的量表模型具有较好的信度和效度，适合进行下一步深入分析研究。

5.5 假设检验

5.5.1 模型检验

（1）相关关系分析

相关关系分析用于研究定量数据之间的关系情况，包括是否有关系，以及关系紧密程度等，通常用于回归分析之前。变量之间的相关关系通常用相关系数来衡量。相关系数反映了变量之间线性关系的方向和强弱程度。常用的相关系数有两类，分别是Pearson相关系数和Spearman相关系数。此两类系数均用于描述相关关系程度，判断标准也基本一致，通常绝对值大于0.7时认为两变量之间表现出非常强的相关关系，绝对值大于0.4时认为有着强相关关系，绝对值小于0.2时相关关系较弱。Pearson相关系数是最常用的相关系数，但使用时要求两个变量符合正态分布要求。当两个变量不符合正态分布时，则可以使用

Spearman相关系数。无论是Pearson还是Spearman相关系数，其实际依旧是研究相关关系，结论上并不会有太大区别；并且数据正态分布通常在理想状态下才会成立。因而现实研究中使用Pearson相关系数的情况占绝大多数。相关关系并不等同于因果关系，相关关系表示两个变量会同时发生改变，而因果关系是一个因素导致另一个因素发生变化。假设检验开始之前，需要先对各假设中变量之间的相关关系进行检验，证明了变量之间的相关关系后我们才能进行进一步的假设检验，各变量之间的Pearson相关系数及显著性水平结果如表5-19所示。

表5-19 **相关系数检验**

假设	变量	相关系数	Sig.值
H1	GQ→OV（私人关系质量→结果性价值）	0.09	0.13
H2	GQ→PV（私人关系质量→程序性价值）	0.31	0.01
H3	GQ→EV（私人关系质量→情感性价值）	0.07	0.26
H4	GR→OV（私人关系数量→结果性价值）	0.50	0.00
H5	GR→PV（私人关系数量→程序性价值）	0.76	0.00
H6	GR→EV（私人关系数量→情感性价值）	0.04	0.35
H7	GE→OV（私人关系能量→结果性价值）	0.62	0.00
H8	GE→PV（私人关系能量→程序性价值）	0.59	0.00
H9	GE→EV（私人关系能量→情感性价值）	0.56	0.00
H10	OV→PF（结果性价值→企业绩效）	0.26	0.01
H11	PV→PF（程序性价值→企业绩效）	0.40	0.00
H12	EV→PF（情感性价值→企业绩效）	0.18	0.02

可见理论假设中各变量之间均存在显著正相关关系，这初步验证了我们提出假设的合理性。接下来我们还需要对假设检验进行进一步验证，以证明在多个变量共同作用下各假设中两个变量之间的关系，一般使用回归分析和结构方程的方法。

（2）回归分析

虽然我们前面检验了模型中各变量间具有较好区别效度，但对各变量之间的潜在关系我们还缺少了解，另外对模型各变量之间是否存在共线性还需要进行判断，因为变量间不存在共线性是利用结构方程模型可行性的前提条件。因此，这里我们还需要对变量进行回归分析，一方面了解自变量对因变量的解释程度；另一方面了解变量间是否存在共线性问题。

共线性问题主要是由于多个自变量之间存在线性相关关系，用这些自变量去解释因变量会产生重复解释的情况，容易夸大模型效力。对于共线性问题的判断通常采用容忍度、方差膨胀因子（VIF）两个指标进行评价。一般来说，容忍度的值介于0和1之间，如值太小，说明这个自变量与其他自变量间存在共线性问题；方差膨胀因子VIF值（容忍度的倒数）越大，则共线性问题越明显，一般以小于10为判断依据，VIF>10时，提示有严重的多重共线性存在。

回归分析的算法主要有：一是前进法。事先确定一个自变量选择标准。开始时，方程中只含常数项，然后按自变量对因变量的贡献程度由大到小依次选入方程。每选入一个自变量，则要重新计算方程外各自变量（剔除已选入变量的影响后）对因变量的贡献，直到方程外自变量均达不到选入标准为止。变量一旦进入模型，就不会被剔除。二是后退法。事先确定一个剔除自变量的标准。开始时，方程中包含全部自变量，按自变量对因变量的贡献程度由小到大依次剔除。每剔除一个自变量，则重新计算未被剔除的各自变量对因变量的贡献大小，直到方程中所有自变量均不符合剔除标准，没有自变量可被剔除为止。自变量一旦被剔除，则不考虑进入模型。三是逐步回归法。本法区别于前进法的根本之处是每引进一个自变量，都会对已在方程中的自变量进行检验，对符合剔除标准的自变量要逐一剔除，此适用于出现多个解释变量之间高度相关时。因此，本书运用逐步回归的方法来检验私人关系质量、私人关系数量、私人关系能量、私人关系价值与企业绩效之间的影响关系，结果如表5-20所示。

表5-20 **回归模型检验**

因变量	自变量	模型系数		系数检验		模型参数		
		B	Beta	T值	Sig.值	R^2	VIF	DW
PF	OV	0.514	0.055	9.364	0.000	0.380	1.238	1.769
	PV	0.082	0.048	1.733	0.084		1.596	
	EV	0.150	0.049	3.066	0.002		1.613	
OV	GR	0.085	0.063	1.345	0.180	0.211	1.413	1.627
	GQ	0.138	0.068	2.046	0.042		1.457	
	GE	0.359	0.069	5.215	0.000		1.609	
PV	GR	0.126	0.044	2.899	0.004	0.383	1.413	1.821
	GQ	0.259	0.047	5.539	0.000		1.457	
	GE	0.249	0.048	5.237	0.000		1.609	
EV	GR	0.094	0.066	1.428	0.154	0.178	1.413	1.580
	GQ	0.073	0.071	1.033	0.303		1.457	
	GE	0.369	0.072	5.130	0.000		1.609	

按照Kleinbaum等（1988）提出的标准，当VIF值小于5时说明模型变量之间不存在共线性，上述分析结果显示研究模型中各变量VIF值均达到标准，且DW值都低于2，说明模型各变量之间不存在共线性问题，同时分析结果表明各个因变量的解释程度较高。

（3）中介效应分析

本研究的理论模型认为，私人关系的三个考察方面，私人关系质量、私人关系数量和私人关系能量通过私人关系价值的三个维度（结果性价值、程序性价值和情感性价值）对企业绩效起作用，即私人关系价值的三个维度是私人关系三个考察方面与企业绩效的中介变量。中介效应分析是检验某一变量是否成为中介变量，发挥何种程度中介作用的重要步骤。中介效应分析和检验主要有三种方法：一是逐步检验回归系数法，这种方法是检验中介效应最常用的方法，它的检验力在各种方法中是最低的。当中介效应较弱的时候，逐步检验回归系数的方法很难检验出中介效应显著，但反过来理解，如果研究者用逐步检验已经得到显著的结果，检验力低的问题就不再是问题。二是系数乘积检验法，主要包括Sobel检验和Bootstrap检验两种类型，其对样本数量及数据分布有较高的要求，统计效力也相对较高，但如果逐步检验回归系数法和系数乘积检验法检验的结果都显著，那逐步检验结果要强于系数乘积检验结果。三是系数差异检验法，这种方法和差异系数法的检验效力是基本上相同的，区别在于两者的标准误不同，但这种方法犯错的概率要高于系数乘积检验法，所以实践中很少使用。本书采用逐步检验回归系数法对中介效应进行检验。

按照上述方法，由于本书涉及私人关系质量、私人关系数量和私人关系能量三个前因变量，因此分别检验结果性价值、程序性价值和情感性价值这三个中间变量的中介作用（Baron和Kenney，1986）。

首先，我们检验结果性价值、程序性价值和情感性价值在私人关系质量和企业绩效之间的中介作用。第一步，建立回归模型中以自变量为私人关系质量，因变量为企业绩效，私人关系质量对企业绩效的正向影响得到证实；第二步，以私人关系质量为自变量，分别以结果性价值、程序性价值和情感性价值作为因变量进行回归分析，结果表明私人关系质量对结果性价值、程序性价值有积极显著影响，但对情感性价值影响不显著；第三步，以结果性价值、程序性价值为自变量，以企业绩效为因变量进行回归分析，结果表明结果性价值、程序性价值会显著影响企业绩效，这也支持了研究模型中的假设；第四步，为了与第一步回归分析的结果进行对比，以私人关系质量、结果性价值、程序性价值作为自变量，以企业绩效为因变量进行回归分析，加入结果性价值、程序性价值以后，私人关系质量对企业绩效的影响有所下降，Beta值从0.56下降至0.32（如表5-21所示），这说明结果性价值、程序性价值是私人关系质量与企业绩效之间的部分中介变量。

表5-21 **私人关系质量中介效应检验**

分析步骤	因变量	自变量	Beta	T值	R^2
第一步	PF	GQ	0.56	11.875	0.32
第二步	OV	GQ	0.34	6.274	0.11
	PV	GQ	0.53	10.772	0.28
	EV	GQ	0.08	1.231	0.08
第三步	PF	OV	0.18	3.066	0.27
		PV	0.47	9.364	
第四步	PF	GQ	0.32	4.117	0.59
		OV	0.13	2.367	
		PV	0.32	6.092	

其次，按照同样的方法我们检验了结果性价值、程序性价值和情感性价值在私人关系数量与企业绩效之间的中介作用。第一步，建立回归模型中以自变量为私人关系数量，因变量为企业绩效，私人关系数量对企业绩效的正向影响得到证实；第二步，以私人关系数量为自变量，分别以结果性价值、程序性价值和情感性价值作为因变量进行回归分析，结果表明私人关系数量对程序性价值有积极显著影响，但是私人关系数量对结果性价值、情感性价值影响不显著；第三步，以程序性价值为自变量，以企业绩效为因变量进行回归分析，结果表明程序性价值显著影响企业绩效；第四步，为了与第一步回归分析的结果进行对比，以私人关系数量、程序性价值作为自变量，以企业绩效为因变量进行回归分析，加入程序性价值以后，私人关系数量对企业绩效的影响有所下降，Beta值从0.7下降至0.52（如表5-22所示），这说明程序性价值是私人关系数量与企业绩效之间的部分中介变量。

再次，我们检验了结果性价值、程序性价值和情感性价值在私人关系能量与企业绩效之间的中介作用。第一步，建立回归模型中以自变量为私人关系能量，因变量为企业绩效，私人关系能量对企业绩效的正向影响得到证实；第二步，以私人关系能量为自变量，分别以结果性价

表5-22　　私人关系数量中介效应检验

分析步骤	因变量	自变量	Beta	T值	R^2
第一步	PF	GR	0.70	16.783	0.13
第二步	OV	GR	0.03	1.602	0.09
	PV	GR	0.44	8.430	0.47
	EV	GR	0.03	1.643	0.07
第三步	PF	PV	0.47	9.364	0.27
第四步	PF	GR	0.52	12.476	0.35
		PV	0.29	6.560	

值、程序性价值和情感性价值作为因变量进行回归分析，结果表明私人关系能量对结果性价值、程序性价值和情感性价值有积极显著影响；第三步，以结果性价值、程序性价值和情感性价值为自变量，以企业绩效为因变量进行回归分析，结果表明结果性价值、程序性价值和情感性价值显著影响企业绩效；第四步，为了与第一步回归分析的结果进行对比，以私人关系能量、结果性价值、程序性价值和情感性价值作为自变量，以企业绩效为因变量，进行回归分析，私人关系能量对企业绩效的影响有所下降，Beta值从0.55下降至0.28（如表5-23所示），这说明结果性价值、程序性价值和情感性价值是私人关系质量与企业绩效之间的部分中介变量。

表5-23　　私人关系能量中介效应检验

分析步骤	因变量	自变量	Beta	T值	R^2
第一步	PF	GE	0.55	11.553	0.31
第二步	OV	GE	0.45	8.656	0.20
	PV	GE	0.54	11.115	0.29
	EV	GE	0.42	8.005	0.17
第三步	PF	OV	0.18	3.066	0.27
		PV	0.47	9.364	
		EV	0.09	1.733	
第四步	PF	GE	0.28	5.193	0.43
		OV	0.12	2.121	
		PV	0.36	6.722	
		EV	0.06	1.044	

上述分析结果支持所有研究假设。但是回归分析只能论证私人关系的三个考察方面会通过结果性价值、程序性价值和情感性价值这三个中介变量影响企业绩效，我们还需要利用结构方程的方法对这种影响的程度进行进一步判断，另外结构方程的方法更适合于检验多自变量和多因变量之间较为复杂的因果关系。

（4）结构方程模型分析

结构方程模型（Structural Equation Model，SEM）是基于变量的协方差矩阵来分析变量之间关系的一种统计方法，因此也称协方差结构分析。一个完整的结构方程模型需要包含两个方面：测量模型和结构模型。测量模型是指潜变量与显变量之间的关系，结构模型是指潜变量之间的关系。结构方程模型分析主要分六步：一是对研究的内容有一个完整并且清晰的观念性架构；二是收集数据，并建立有效的原始数据文件（不能有缺失值）；三是根据理论构想构建模型，也就是构建类似图4-1的模型结构；四是模型拟合度检验，如果模型拟合度良好，则可进行后续分析，如果模型拟合度不好，则需要对模型进行修正，直到拟合度符合要求；五是路径系数检验，并计算各个潜变量之间的效应值；六是根据结构方程模型分析的结果得出结论，也就是验证假设。结构方程模型最主要的应用就是分析多变量（≥3个）之间的关系，进行变量的中介效应检验。除此之外，还可以用来进行多群组的关系分析（可用来进行调节效应分析）。另外，研究者也常用测量模型进行问卷的效度分析（主要是验证性因素分析）。

根据前述理论假设，我们构建了如图5-1所示的结构方程模型，其中X和Y为显变量，ξ是潜在外生变量（私人关系能量ξ1、私人关系质量ξ2、私人关系数量ξ3）、η是潜在内生变量（结果性价值η1、程序性价值η2、情感性价值η3和企业绩效η4）。

使用LISREL对理论模型的假设关系进行分析，结果如图5-2所示。

通过理论模型分析，χ^2/df等于2.896，符合不超过5的标准；GFI等于0.936，AGFI等于0.917，亦达到0.9的最低标准；NFI等于0.969，CFI等于0.975，符合通用标准0.9；RMSEA等于0.067，符合通用标准0.08；RMR等于0.039，符合小于0.05的通用标准。可见，理论模型和

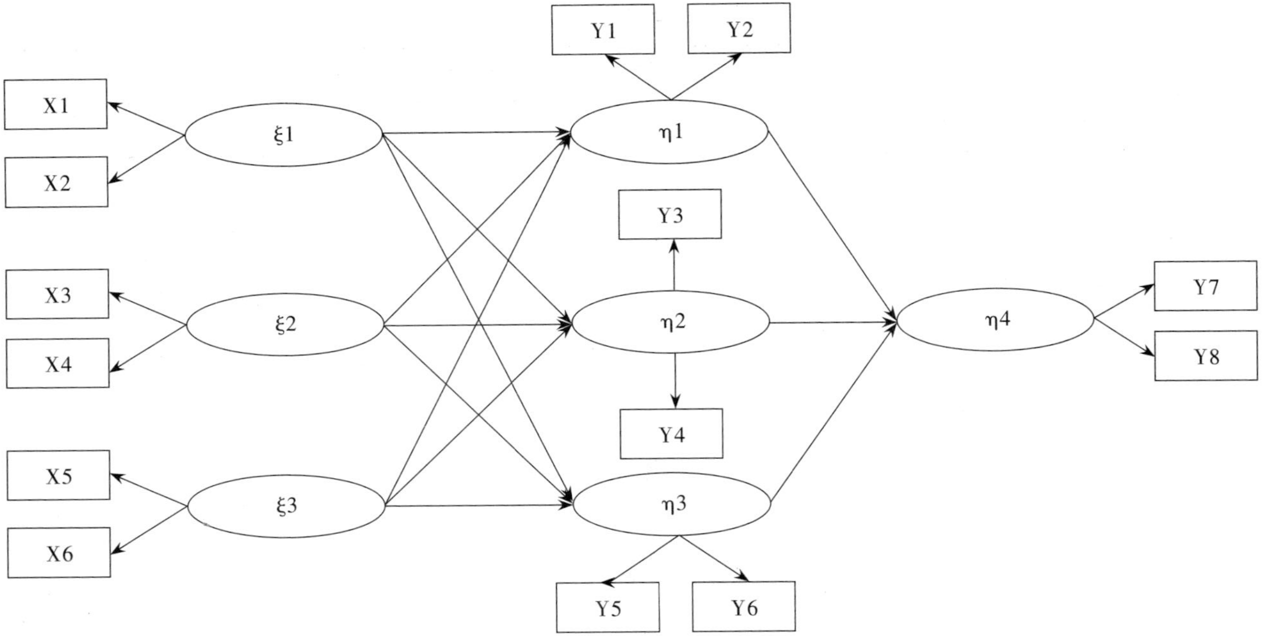

图 5-1　本研究模型——结构方程模型

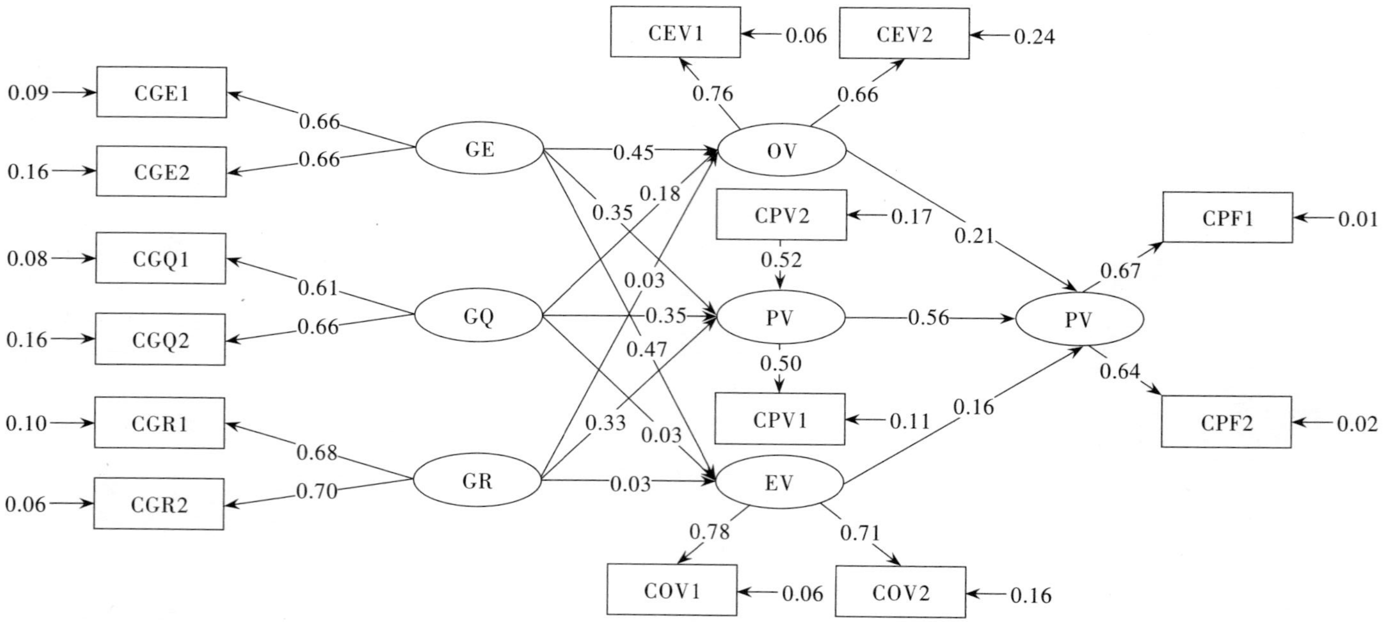

χ^2	df	χ^2/df	RMSEA	RMR	GFI	AGFI	CFI	NFI
35 226	103	2.896	0.067	0.039	0.936	0.917	0.975	0.969

图5-2　变量路径系数分析结果

数据拟合程度较好。对各变量之间路径系数及其显著性进行检验，进而推断理论假设是否成立，结果如表5-24所示。“私人关系质量→情感性价值”“私人关系数量→结果性价值”“私人关系数量→情感性价值”三组变量间路径系数显著性没有得到检验结果支持，因此我们拒绝了假设3“私人关系质量对情感性价值有积极影响作用”、假设4“私人关系数量对结果性价值有积极影响作用”、假设6“私人关系数量对情感性价值有积极影响作用”。其余变量之间路径系数显著性水平均得到检验结果支持，说明我们提出的假设H1、H2、H5、H7、H8、H9、H10、H11、H12均得到支持。

表5-24 **假设检验**

假设	假设内容	估计值	T值	假设检验结果
H1	GQ→OV （私人关系质量→结果性价值）	0.18	2.32	支持
H2	GQ→PV （私人关系质量→程序性价值）	0.35	4.98	支持
H3	GQ→EV （私人关系质量→情感性价值）	0.03	0.35	不支持
H4	GR→OV （私人关系数量→结果性价值）	0.05	0.26	不支持
H5	GR→PV （私人关系数量→程序性价值）	0.33	3.66	支持
H6	GR→EV （私人关系数量→情感性价值）	0.03	0.26	不支持
H7	GE→OV （私人关系能量→结果性价值）	0.45	5.70	支持
H8	GE→PV （私人关系能量→程序性价值）	0.25	4.66	支持
H9	GE→EV （私人关系能量→情感性价值）	0.47	5.65	支持
H10	OV→PF （结果性价值→企业绩效）	0.21	4.11	支持
H11	PV→PF （程序性价值→企业绩效）	0.56	9.00	支持
H12	EV→PF （情感性价值→企业绩效）	0.16	2.11	支持

5.5.2 调节作用检验

调节变量对管理理论研究与管理实践有重要意义。调节变量能够界定理论发挥作用的边界条件，有利于准确地应用理论，并对理论适用的条件做出合理解释，是管理学科发展的必要条件。一般通过回归分析检验交叉项系数的显著性来判断调节作用的存在。

（1）服务比重的调节作用

按照之前的研究假设，服务比重是私人关系质量与私人关系价值三个维度之间的调节变量。第一步将私人关系质量与服务比重中心化，构建乘积项GQ×TC；第二步构建模型1，检验私人关系质量、服务比重对结果性价值的影响，私人关系质量、服务比重对程序性价值的影响；第三步构建模型2，将私人关系质量、服务比重和乘积项都放入回归方程中进行检验。服务比重的调节作用分析见表5-25。

表5-25 **服务比重的调节作用分析**

因变量	结果性价值（OV）		程序性价值（PV）		情感性价值（EV）	
	模型1	模型2	模型1	模型2	模型1	模型2
1.主效应						
私人关系质量（GQ）	0.354 （7.652）	0.368 （7.984）	0.458 （9.341）	0.468 （9.638）	不相关	不相关
服务比重（TC）	0.258 （4.251）	0.259 （4.262）	0.270 （3.212）	0.189 （3.061）		
2.调节效应						
GQ×TC		0.140 （3.001）		0.160 （3.152）	不需要检验	不需要检验
R^2	0.260	0.276	0.287	0.299		
Adjusted R^2	0.258	0.275	0.272	0.282		

如表5-25所示，私人关系质量、服务比重与结果性价值之间的主效应显著，在加入乘积项GQ×TC后，GQ×TC与结果性价值之间的回归系数为0.140，T值为3.001，大于边界值1.96。在加入乘积项后，调整

后的R^2增加0.017，这说明服务比重对私人关系质量与结果性价值之间的关系起到正向调节作用，因此假设H13得到支持，即服务比重正向调节私人关系质量对结果性价值的影响，当服务比重增加时，私人关系质量对结果性价值的影响增强。

私人关系质量、服务比重与程序性价值之间的主效应显著，在加入乘积项GQ×TC后，GQ×TC与程序性价值之间的回归系数为0.160，T值为3.152，大于边界值1.96。在加入乘积项后，调整后的R^2增加0.01，说明服务比重对私人关系质量与程序性价值之间的关系起正向调节作用，因此假设H14得到支持，即服务比重正向调节私人关系质量对程序性价值的影响，当服务比重增加时，私人关系质量对程序性价值的影响增强。

由于私人关系质量对情感性价值的主效应不显著，此服务比重不存在调节私人关系质量对情感性价值的影响的情况，因此假设H15没有得到支持。

（2）接触人员变更率的调节作用

按之前的研究假设，接触人员变更率是私人关系数量与私人关系价值三个维度之间的调节变量。第一步将私人关系数量与接触人员变更率中心化，构建乘积项GR×PC；第二步构建模型1，检验私人关系数量、接触人员变更率对结果性价值的影响，私人关系数量、接触人员变更率对程序性价值的影响，以及私人关系数量、接触人员变更率对情感性价值的影响；第三步构建模型2，将私人关系数量和接触人员变更率和乘积项都放入回归方程中进行检验。接触人员变更率的调节作用分析见表5-26。

由于私人关系数量对结果性价值的主效应不显著，因此接触人员变更率不存在调节私人关系数量对结果性价值的影响的情况，因此假设H16没有得到支持。

私人关系数量和接触人员变更率与程序性价值之间的主效应显著，在加入乘积项GR×PC后，GR×PC与程序性价值之间的回归系数为0.112，T值为2.147，大于边界值1.96。在加入乘积项后，调整后的R^2增加0.018，说明接触人员变更率对私人关系数量和程序性价值之间的

表5-26　　接触人员变更率的调节作用分析

因变量	结果性价值（OV）		程序性价值（PV）		情感性价值（EV）	
	模型1	模型2	模型1	模型2	模型1	模型2
1.主效应						
私人关系数量（GR）	不相关	不相关	0.099（1.867）	0.091（1.724）	不相关	不相关
接触人员变更率（PC）			0.397（7.607）	0.398（7.675）		
2.调节效应						
GR×PC	不需要检验	不需要检验		0.112（2.147）	不需要检验	不需要检验
R^2			0.215	0.220		
Adjusted R^2			0.201	0.219		

关系起到正向调节作用，因此假设H17得到支持，即接触人员变更率正向调节私人关系数量对程序性价值的影响，当接触人员变更率提升时，私人关系数量对程序性价值的影响增强。

由于私人关系数量对情感性价值的主效应不显著，因此接触人员变更率不存在调节私人关系数量对情感性价值的影响的情况，因此假设H18没有得到支持。

（3）接触难度的调节作用

按照之前的研究假设，接触难度是私人关系能量与私人关系价值三个维度之间的调节变量。第一步将私人关系能量与接触难度中心化，构建乘积项GE×PD；第二步构建模型1，检验私人关系能量、接触难度对结果性价值的影响，私人关系能量、接触难度对程序性价值的影响，以及私人关系能量、接触难度对情感性价值的影响；第三步构建模型2，将私人关系能量、接触难度和乘积项都放入回归方程中进行检验。接触难度的调节作用分析见表5-27。

如表5-27所示，私人关系能量、接触难度与结果性价值之间的主效应显著，在加入乘积项GE×PD后，GE×PD与结果性价值之间的回归

表5-27　　接触难度的调节作用分析

因变量	结果性价值（OV）		程序性价值（PV）		情感性价值（EV）	
	模型1	模型2	模型1	模型2	模型1	模型2
1.主效应						
私人关系能量（GE）	0.412 （8.359）	0.430 （8.681）	0.147 （2.905）	0.131 （2.569）	0.150 （2.892）	0.132 （2.600）
接触难度（PD）	0.223 （3.918）	0.199 （-1.204）	0.386 （7.964）	0.419 （4.237）	0.366 （7.112）	0.368 （7.322）
2.调节效应						
GE×PD		0.258 （2.106）		0.301 （2.115）		0.174 （2.052）
R^2	0.266	0.277	0.227	0.249	0.222	0.232
Adjusted R^2	0.261	0.279	0.223	0.245	0.210	0.227

系数为0.258，T值为2.106，大于边界值1.96。在加入乘积项后，调整后的R^2增加0.018，说明接触难度对私人关系能量和结果性价值之间的关系起正向调节作用，因此假设H19得到支持，即接触难度正向调节私人关系能量对结果性价值的影响，当接触难度提升时，私人关系能量对结果性价值的影响增强。

私人关系能量、接触难度与程序性价值之间的主效应显著，在加入乘积项GE×PD后，GE×PD与程序性价值之间的回归系数为0.301，T值为2.115，大于边界值1.96。在加入乘积项后，调整后的R^2增加0.022，说明接触难度对私人关系能量和程序性价值之间的关系起正向调节作用，因此假设H20得到支持，即接触难度正向调节私人关系能量对程序性价值的影响，当接触难度提升时，私人关系能量对程序性价值的影响增强。

私人关系能量、接触难度与情感性价值之间的主效应显著，在加入乘积项GE×PD后，GE×PD与情感性价值之间的回归系数为0.174，T值为2.052，大于边界值1.96。在加入乘积项后，调整后的R^2增加0.017，说明接触难度对私人关系能量和情感性价值之间的关系起正向调节作用，假设H21得到支持，即接触难度正向调节私人关系能量对情感性价值的影响，当接触难度提升时，私人关系能量对情感性价值的影响增强。

5.6 本章小结

本章主要为了实现理论模型的实证检验而开展研究设计。本研究涉及的变量包括私人关系的三个方面，私人关系价值的三个维度，三个调节变量以及企业绩效。在对预调研问卷的各个题项进行检验后，形成正式的调研问卷。

通过对正式调研问卷收集后，我们对题项数据进行处理和分析，对模型和研究假设进行检验，结果表明理论模型中各量表具有较好的可靠性和有效性，数据和模型之间有较好的拟合度。理论模型的假设中，私人关系质量对私人关系价值的影响（H1—H3）并没有得到数据分析结果完全支持：私人关系质量对结果性价值和程序性价值的影响（H1，H2）得到数据支持，私人关系质量对情感性价值的影响（H3）并不显著；私人关系数量对私人关系价值的影响（H4—H6）也并没有得到数据分析结果完全支持：只有私人关系数量对程序性价值影响（H5）得到数据支持，私人关系数量对结果性价值和情感性价值影响都不显著（H4，H6）；私人关系能量对私人关系价值的影响得到数据分析结果支持（H7—H9）；私人关系价值对企业绩效的影响得到数据分析结果支持（H10—H12）。理论模型的调节效应中，服务比重对私人关系质量与私人关系结果性和程序性价值之间的影响具有正向调节作用（H13，H14），由于私人关系质量对情感性价值的主效应不显著，则服务比重不存在调节私人关系质量对情感性价值的影响的情况（H15）；接触人员变更率对私人关系数量和私人关系程序性价值之间的影响具有正向调节作用（H17）；由于私人关系数量对结果性价值、情感性价值的主效应不显著，因此接触人员变更率不存在调节私人关系数量对结果性价值、情感性价值影响的情况（H16，H18）；接触难度对私人关系能量和私人关系结果性价值、程序性价值和情感性价值之间的影响具有正向调节作用（H19—H21）。

6 结论与展望

6.1 主要结论

本研究主要包括三方面内容：(1) 以多方面的视角探查私人关系；(2) 探查了私人关系是通过私人关系价值对企业绩效有所影响的机理；(3) 检验了三个调节变量在私人关系与私人关系价值中的调节作用。

(1) 主要结论一

主要结论一是私人关系数量和能量对企业绩效有积极作用。本书在现有文献的基础上，识别出私人关系的三个方面：私人关系质量、私人关系数量和私人关系能量。私人关系质量是指关系主体基于双方之间的信任和感情对关系的整体评价，其主要体现为关系主体之间的坦诚相待、互帮互助、感情的稳定性等，关系主体对关系整体评价越高，私人关系质量也就越高；私人关系数量是指关系主体所拥有的私人关系广度及其类别数量，当关系主体朋友越多，且属于不同专业、阶层等类别时，私人关系数量越多；私人关系能量是指私人关系能够给关系主体带来利益和创造价值的能力，其主要来源于关系主体所拥有的权力、资源、社会地位等，关系主体一方的权力越大，资源越多，地位越高，对关系主体对方的价值越大，越能为其带来利益，私人关系能量也就越大。私人关系质量、私人关系数量和私人关系能量，从不同的方面出发，较为全面地衡量了私人关系。

（2）主要结论二

主要结论二是私人关系价值在私人关系与企业绩效之间起中介作用。私人关系不仅对企业绩效有直接作用，还通过私人关系价值这个中介变量对其产生间接影响。在间接影响方面，私人关系质量通过结果性价值和程序性价值影响企业绩效。私人关系数量仅通过程序性价值对企业绩效产生影响。私人关系能量通过私人关系价值的三个维度，即结果性价值、程序性价值和情感性价值，来影响企业绩效。对于影响路径系数不显著的"私人关系质量→情感性价值"，我们通过对企业高管的访谈了解到，企业与客户合作的时候，不会完全因为私人关系质量好，就会在交易中有信心以及感到安心，这份信心与安心实际来自所合作公司的整体实力和公司的整体商誉。这也从实际中解释了私人关系质量对情感性价值的影响不显著。对于影响路径系数不显著的"私人关系数量→情感性价值""私人关系数量→结果性价值"，通过对企业高管的深度访谈我们了解到，私人关系数量代表了更多的与合作方接触的可能性和机会，在企业与客户合作的过程中，并不是合作中涉及的关系数量越多，就越能够提升安全感，也并不是合作中涉及的关系数量越多，整个合作的决策就会加快。如果不需要的私人关系过多参与到合作项目中，反而会降低项目的成功率，这也从实际中解释了私人关系数量对情感性价值和结果性价值的影响不显著。

（3）主要结论三

主要结论三是发现并验证私人关系的三个方面和私人关系价值之间的调节变量。

首先，服务比重在私人关系质量与结果性价值之间起到正向调节作用，服务比重越大，私人关系质量越能够对结果性价值产生影响。服务比重在私人关系质量与程序性价值之间起到正向调节作用，服务比重越大，私人关系质量越能够对程序性价值产生影响。由于主效应不显著，所以服务比重不在私人关系质量与情感性价值之间起调节作用。

其次，接触人员变更率仅仅在私人关系数量与程序性价值之间起到正向调节作用，接触人员变更越频繁，私人关系数量越能够对程序性价值产生影响。由于私人关系数量对于结果性价值和情感性价值的影响的主效应并未得到验证，所以接触人员变更率不在私人关系数量与结果性价值和情感性价值之间起到调节作用。

最后，接触难度在私人关系能量与结果性价值之间起到正向调节作用，接触难度越大，私人关系能量越能够对结果性价值产生影响。接触难度在私人关系能量与程序性价值之间起到正向调节作用，接触难度越大，私人关系能量越能够对程序性价值产生影响。接触难度在私人关系能量与情感性价值之间起到正向调节作用，接触难度越大，私人关系能量越能够对情感性价值产生影响。

6.2 主要创新点

（1）创新点一

本研究的第一个创新点是，在原有私人关系质量对企业绩效影响的基础上，验证了私人关系数量和私人关系能量对企业绩效的积极作用。现有研究中的私人关系主要是指私人关系质量，已有文献主要研究私人关系质量对企业绩效的积极作用，现实中私人关系还包含私人关系数量和私人关系能量，私人关系数量的多寡、能量的大小是现实存在的，企业高管对此也很认同并关注。本研究对私人关系对企业绩效的影响进行了拓展，验证了私人关系数量和私人关系能量对企业绩效的积极作用。

（2）创新点二

本研究的第二个创新点是，发现并验证了与强关系弱关系理论中相反的结论。私人关系质量是私人关系在强关系弱关系理论下对应的一个方面。越高的私人关系质量对私人关系价值的提升越能够起到促进作用，从而提高企业绩效，即强关系作用更大。而国外的针对强关系弱关系研究的结论是在社会网络中，弱关系会使社会网络中的单元通过资源交互而产生更大的产出，即弱关系会起到更大的作用，这与我们的本土研究所得到的结论是相反的。在这一点上，本研究是对强关系弱关系理论的一个有益补充，也是强关系弱关系理论在中国的一种实践。以后针对这一方面还可以开展更多有中国特色的实证研究。

（3）创新点三

本研究的第三个创新点是，开发了私人关系价值量表，并且发现了通过提升私人关系价值进而提升企业绩效的机理，丰富了私人关系对企业绩效的影响研究。

首先，开发了私人关系价值的测量量表。本研究运用量表开发的方法对中国背景下的私人关系价值进行了可操作化测量。通过预调研和正式调研，最终得到了信度和效度水平都经得起检验的包含14个题项的私人关系价值测量量表，其中结果性价值包含5个题项、程序性价值包含4个题项、情感性价值包含5个题项。这个私人关系价值的较完善的量表可以在今后的实证研究中反复应用。

其次，在私人关系价值的三个维度中，结果性价值、程序性价值和情感性价值是影响企业绩效的重要因素。程序性价值对企业绩效的影响作用最强，这主要是因为在合作的过程中会遇到各种情况需要进行处理，程序性价值是对处理这些问题的感知价值，因此，程序性价值越高对企业绩效的正向影响越强。情感性价值对企业绩效的影响最弱，这主要是因为，情感性价值更多地体现合作者个人对合作对象的心理感受（放心、自己是重情义的人），这种个人感受对提升企业绩效推动力较小。

（4）创新点四

本研究的第四个创新点是，找到了私人关系三个方面发挥作用的边界条件，深化了私人关系的理论研究。私人关系在不同条件下所起的作用不同，现有的私人关系边界条件研究主要是对私人关系质量的研究，并且边界条件集中在环境波动性、文化背景等方面，缺少对私人关系数量和能量发挥作用边界条件的研究。

首先，本研究发现服务比重越大，私人关系质量对结果性价值、程序性价值的积极影响越大，找到了私人关系质量发挥作用的边界条件。

其次，本研究发现接触人员变更越频繁，私人关系数量对程序性价值的影响越大，找到了私人关系数量发挥作用的边界条件。

最后，本研究发现接触难度越大，私人关系能量对结果性价值、程序性价值和情感性价值影响越大，找到了私人关系能量发挥作用的边界条件。

6.3 本研究理论贡献和实践启示

6.3.1 本研究的理论贡献

（1）理论贡献一

现有对私人关系的研究中，对私人关系的衡量缺乏全面的视角，往往用私人关系质量代替私人关系。然而私人关系是一个内涵非常丰富的概念，尤其在中国独特的社会文化和商业环境中，去深入探讨和分析私人关系的内涵具有重要意义。本研究识别出私人关系质量、私人关系数量和私人关系能量三个方面来分别衡量私人关系，这三个变量较为完整地对私人关系进行了描述，为后续相关研究提供了可参考借鉴的测量工具。

（2）理论贡献二

通过分析研究私人关系对企业绩效的影响机理，我们一方面丰富了私人关系概念的本土化研究，另一方面也拓展了企业绩效影响因素的相关研究。研究结果表明，私人关系通过私人关系价值影响企业绩效，找到了提升企业绩效的先行条件，为今后企业绩效的相关研究提供了更宽广的研究视角。

尽管私人关系能够促进企业绩效的观点被普遍接受，但还缺少对这种影响机制的深入研究。本研究首先验证了私人关系对企业绩效的直接影响作用，这是私人关系研究在中国情境下本土化研究的一次尝试。其次，检验了私人关系通过私人关系价值的三个维度对企业绩效产生积极影响作用。本研究找到了企业绩效提升的先行条件，对企业绩效的前因研究进行了拓展。我们在本研究中为私人关系价值开发出了较成熟的量表，这为以后围绕私人关系价值的种种实证研究提供了行之有效的方法和较完善的基础。

（3）理论贡献三

发现和检验了服务比重在私人关系质量与私人关系价值之间的调节作用；接触人员变更率在私人关系数量与私人关系价值之间的调节作用；接触难度在私人关系能量与私人关系价值之间的调节作用。

6.3.2 本研究的实践启示

（1）实践启示一

找到了中国文化背景下提升企业绩效的私人关系要素。基于中国背景下对关系的资源属性重视如此之高，本研究从私人关系质量、私人关系数量和私人关系能量以及私人关系价值的视角探查其对企业绩效的影响。结果表明，企业必须同时注重私人关系的质量、私人关系的数量和私人关系的能量三个方面，这样才能建立好的私人关系并从中获得收益。首先在提高关系质量上，要与对方坦诚相待、互帮互助、真情付出；其次在提高关系数量上，要多交朋友，要交不同背景、行业、专业、阶层的朋友；最后在提高关系能量上，要尽量结交那些拥有更大权力、更多资源、更高地位的人。

（2）实践启示二

为企业如何提升私人关系价值从而进一步提高企业绩效提供了方向。本研究检验了私人关系通过私人关系价值的三个维度即结果性价值、程序性价值以及情感性价值对企业绩效产生积极影响作用。而在现实中企业要提高私人关系价值，行之有效的路径就是从这三个维度入手，制定与之相匹配的策略，避免眉毛胡子一把抓，没有方向、没有重点。

（3）实践启示三

帮助企业找到了更好的提高私人关系价值的边界条件。本研究验证了服务比重、接触人员变更率、接触难度对关系质量、关系数量、关系能量与私人关系价值之间的调节作用。首先，随着服务比重的提高，企业之间合作机会增加，合作程度深入，此时私人关系质量对企业和客户合作的影响较大，私人关系所带来的价值增值更高。其次，随着接触人员变更率的增加，企业面临客户流失的风险，如果此时企业高管与客户之间建立了较多的私人关系，那么其中一段关系的流失或终结将会被其他关系所弥补，私人关系价值相应得到增强。最后，随着企业与客户之间由于多种原因接触难度增大，当企业高管地位越高、专业性更强时，这种越强大的影响力才能克服这种接触的难度，才能越有效地影响到私人关系价值。也就是说，企业私人关系能量对于私人关系价值的提升变得更加至关重要，影响增强。

6.4 研究局限与展望

6.4.1 研究局限

由于研究水平和研究条件的限制，虽然通过努力取得了具有一定理论和实践价值的研究成果，但研究中还存在以下局限与不足：

（1）抽样方法上的不足。由于本研究的对象是BtoB企业，样本数量庞大，受限于现有条件，无法采用科学抽样方法，而只能利用有限的现有条件采用便利抽样，这对研究结果的普遍适用性存在一定影响，研究结论还有待于在不同研究情境下进一步验证。

（2）数据属性上的不足。受限于研究条件，本研究使用的是截面数据来对研究假设进行验证。实际上，随着企业在不同时期战略重心的不同，绩效结果也会存在差异，因此面板数据的使用将使研究结果更有说服力。

（3）变量选择上的不足。我们仅探讨了私人关系与私人关系价值之间调节变量的存在和作用机制，而对私人关系价值与企业绩效之间调节变量和作用机制没有涉及。

6.4.2 研究展望

在未来的研究中，可以针对上述研究局限，进一步深化现有研究：

（1）在样本选择上，未来研究要尽量采用科学抽样方法，获取更多的样本，争取在尽量多的行业对本书相关研究解决的适用性问题进行进一步验证。

（2）在研究时点上，未来研究可以尝试采集面板数据对研究假设进行分析，有效控制潜在因素影响，提高研究结论的说服力。

（3）在变量选择上，未来研究可以通过更广范围内的文献回顾，探求到更多调节变量，对私人关系和企业绩效各阶段影响机制限制条件进行深入研究，从而更有针对性地指导企业实践。

附 录

附录1 定性访谈提纲

1. 请您简要介绍一下您的个人基本情况。

2. 请您介绍一下您所在企业的基本情况及核心业务是什么。

3. 请问您所在的或分管的部门在公司的主营业务中扮演着怎样的角色？

4. 请问您在推进该项业务中会与哪些企业、单位、组织产生往来？

5. 在上述这些合作企业、单位、组织中有跟您私人关系特别好的企业高管吗？

6. 您自己说一下您对私人关系的看法，您认为私人关系应该包含哪些方面内容？这些内容都会如何影响业务？

7. 您与上述合作企业高管沟通和互动的方式有哪些？频率如何？

8. 您如何评价与上述合作企业高管之间的关系？

9. 您觉得上述合作企业高管是如何评价你们之间的关系的？

10.您认为您和合作企业高管之间的私人关系对您的业务开展有何影响?

11.您认为有哪些情况会影响到您和合作企业高管的私人关系，哪些情况会促进您和合作企业高管的私人关系?

12.与其他合作伙伴相比，您认为您与上述合作伙伴之间的关系有何异同?

附录2　预调研问卷

尊敬的女士/先生:

您好！您所填写的调查问卷对本书研究会有极大的帮助。以下是关于您与和您私人关系最好的合作公司高管之间关系的一些描述。请您根据自己对下列描述的赞同程度在问题后面相应方框中划“√”。本问卷实行匿名制，所有数据只用于本研究的统计分析，不会用于其他用途。请您按实际情况放心填写，万分感谢。

我的邮箱为__________________

序号	问题	非常不同意	不同意	一般	同意	非常同意
1	我和合作公司高管经常一起参加社交互动	□	□	□	□	□
2	合作公司高管在生意上经常给予我照顾	□	□	□	□	□
3	节日或特定纪念日我会赠送合作公司高管礼物	□	□	□	□	□
4	节日或特定纪念日合作公司高管会赠送我礼物	□	□	□	□	□
5	我认为我和合作公司高管是处在一个圈子里的人	□	□	□	□	□
6	我和合作公司高管之间的关系是经过长期考验的	□	□	□	□	□
7	我与合作公司高管的私人关系能够为我提供更为多样的其他有利关系	□	□	□	□	□
8	合作公司高管中有具有不同技能和背景的人能够给我提供帮助	□	□	□	□	□
9	合作公司高管中很多人都与我有私人关系	□	□	□	□	□

续表

序号	问题	非常不同意	不同意	一般	同意	非常同意
10	合作公司高管中有绝对决策权的人是我的朋友	□	□	□	□	□
11	合作公司高管能为我提供有价值的商业信息	□	□	□	□	□
12	合作公司高管为我的业务提供必要支持和帮助	□	□	□	□	□
13	合作公司高管能够给我开展业务提供必要资源	□	□	□	□	□
14	合作过程中，我能了解到真实的产品信息	□	□	□	□	□
15	合作过程中，我能了解到对方想达到的直接目的	□	□	□	□	□
16	合作公司的高管朋友能站在我的角度帮我进行决策	□	□	□	□	□
17	合作公司的高管朋友总是能够为我提供超出基本服务/产品的卓越价值	□	□	□	□	□
18	与合作公司开展业务是非常经济划算的事情	□	□	□	□	□
19	与合作公司开展业务，省去了很多程序性的步骤	□	□	□	□	□
20	与合作公司高管业务上的沟通总是很顺畅	□	□	□	□	□
21	合作双方在业务中可根据需要调整程序	□	□	□	□	□
22	双方的合作过程总是很流畅，一气呵成	□	□	□	□	□
23	与合作公司高管开展业务总是会非常高效	□	□	□	□	□
24	与合作公司的高管打交道使我觉得很安心、踏实，不会担心对方的信用问题	□	□	□	□	□
25	与合作公司高管交流是非常愉快的	□	□	□	□	□
26	合作中出现问题时会商量解决办法	□	□	□	□	□
27	合作中没有什么需要额外担心的	□	□	□	□	□
28	与合作公司的高管打交道过程中可以体现出我是一个重情义的人	□	□	□	□	□
29	对比主要竞争者，我公司的市场份额如何*	□	□	□	□	□

续表

序号	问题	非常不同意	不同意	一般	同意	非常同意
30	对比主要竞争者，我公司的销售额如何*	□	□	□	□	□
31	对比主要竞争者，我公司的销售利润增长如何*	□	□	□	□	□
32	对比主要竞争者，我公司的投资回报率如何*	□	□	□	□	□
33	对比主要竞争者，我公司的资产收益率如何*	□	□	□	□	□
34	对比主要竞争者，我公司的利润率如何*	□	□	□	□	□
35	合作公司提供的服务占据公司采购的比重较大	□	□	□	□	□
36	合作公司提供的服务对公司生产起到决定性的作用	□	□	□	□	□
37	同种业务我公司里所对口的部门会经常变化	□	□	□	□	□
38	我们公司负责业务的高管会经常发生变化	□	□	□	□	□
39	客户公司想见我们公司的重要决策者比较难	□	□	□	□	□
40	客户公司很容易与我公司开展业务（反向计分）	□	□	□	□	□
41	我们公司决策者对客户要求很严苛	□	□	□	□	□
42	我们公司的审批和采购流程非常复杂	□	□	□	□	□

注：带*号问题从非常不同意到非常同意代表对比主要竞争者，对我公司在该指标所具有优势的认可程度。

公司的所属产业类型	□第一产业	□第二产业	□第三产业	
公司成立年限	□3年及以下	□4~9年	□10年及以上	
公司人数	□50人及以下	□51~100人	□101~300人	□301人及以上
公司性质	□国有企业	□民营企业	□三资企业	
营业收入规模	□1 000万元及以下	□1 001万元~5 000万元	□5 001万元~4亿元	□4亿元（不含）以上

附录3　正式调研问卷

尊敬的女士/先生：

您好！您所填写的调查问卷对本书研究会有极大的帮助。以下是关于您与和您私人关系最好的合作公司高管之间关系的一些描述。请您根据自己对下列描述的赞同程度在问题后面相应方框中划“√”。本问卷实行匿名制，所有数据只用于本人研究的统计分析，不会用于其他用途。请您按实际情况放心填写，万分感谢。

我的邮箱为__________________

代码	测量题项	非常不同意	不同意	一般	同意	非常同意
1	我和合作公司高管经常一起参加社交互动	□	□	□	□	□
2	合作公司高管在生意上经常给予我照顾	□	□	□	□	□
3	节日或特定纪念日我会赠送合作公司高管礼物	□	□	□	□	□
4	节日或特定纪念日合作公司高管会赠送我礼物	□	□	□	□	□
5	我认为我和合作公司高管是处在一个圈子里的人	□	□	□	□	□
6	我和合作公司高管之间的关系是经过长期考验的	□	□	□	□	□
7	我与合作公司高管的私人关系能够为我提供更为多样的其他有利关系	□	□	□	□	□
8	合作公司高管中有具有不同技能和背景的人能够给我提供帮助	□	□	□	□	□
9	合作公司高管中很多人都与我有私人关系	□	□	□	□	□
10	合作公司高管中有绝对决策权的人是我的朋友	□	□	□	□	□
11	合作公司高管能为我提供有价值的商业信息	□	□	□	□	□
12	合作公司高管为我的业务提供必要支持和帮助	□	□	□	□	□

续表

代码	测量题项	非常不同意	不同意	一般	同意	非常同意
13	合作公司高管能够给我开展业务提供必要资源	□	□	□	□	□
14	合作过程中，我能了解到真实的产品信息	□	□	□	□	□
15	合作过程中，我能了解到对方想达到的直接目的	□	□	□	□	□
16	合作公司的高管朋友能站在我的角度帮我进行决策	□	□	□	□	□
17	合作公司的高管朋友总是能够为我提供超出基本服务/产品的卓越价值	□	□	□	□	□
18	与合作公司开展业务是非常经济划算的事情	□	□	□	□	□
19	与合作公司开展业务，省去了很多程序性的步骤	□	□	□	□	□
20	与合作公司高管业务上的沟通总是很顺畅	□	□	□	□	□
21	合作双方在业务中可根据需要调整程序	□	□	□	□	□
22	与合作公司高管开展业务总是会非常高效	□	□	□	□	□
23	与合作公司的高管打交道使我觉得很安心、踏实，不会担心对方的信用问题	□	□	□	□	□
24	与合作公司高管交流是非常愉快的	□	□	□	□	□
25	合作中出现问题时会商量解决办法	□	□	□	□	□
26	合作中没有什么需要额外担心的	□	□	□	□	□
27	与合作公司的高管打交道中可以体现出我是一个重情义的人	□	□	□	□	□
28	对比主要竞争者，我公司的市场份额如何*	□	□	□	□	□
29	对比主要竞争者，我公司的销售额如何*	□	□	□	□	□
30	对比主要竞争者，我公司的销售利润增长如何*	□	□	□	□	□
31	对比主要竞争者，我公司的投资回报率如何*	□	□	□	□	□

续表

代码	测量题项	非常不同意	不同意	一般	同意	非常同意
32	对比主要竞争者，我公司的资产收益率如何*	□	□	□	□	□
33	对比主要竞争者，我公司的利润率如何*	□	□	□	□	□
34	合作公司提供的服务占据公司采购的比重较大	□	□	□	□	□
35	合作公司提供的服务对公司生产起到决定性的作用	□	□	□	□	□
36	同种业务我公司里所对口的部门会经常变化	□	□	□	□	□
37	我们公司负责业务的高管会经常发生变化	□	□	□	□	□
38	客户公司想见我们公司的重要决策者比较难	□	□	□	□	□
39	客户公司很容易与我公司开展业务（反向计分）	□	□	□	□	□
40	我们公司决策者对客户要求很严苛	□	□	□	□	□
41	我们公司的审批和采购流程非常复杂	□	□	□	□	□

注：带*号问题从非常不同意到非常同意代表对比主要竞争者，对我公司在该指标所具有优势的认可程度。

公司的所属产业类型	□第一产业	□第二产业	□第三产业	
公司成立年限	□3年及以下	□4~9年	□10年及以上	
公司人数	□50人及以下	□51~100人	□101~300人	□301人及以上
公司性质	□国有企业	□民营企业	□三资企业	
营业收入规模	□1 000万元及以下	□1 001万元~5 000万元	□5 001万元~4亿元	□4亿元（不含）以上

参考文献

[1] 白桂，覃蓉芳. 从顾客满意到顾客忠诚相关概念关系研究概述 [J]. 商场现代化，2005 (16): 43-44.

[2] 白长虹，武永红. 基于顾客关系的价值创新途径研究 [J]. 科学学与科学技术管理，2002 (12): 87-91.

[3] 宝贡敏，赵卓嘉. 面子需要概念的维度划分与测量——一项探索性研究 [J]. 浙江大学学报（人文社会科学版），2009 (2): 82-90.

[4] 暴雯. 资源基础理论与交易成本理论的比较研究 [J]. 经贸实践，2018 (15): 3-4.

[5] 德鲁克. 组织的管理 [M]. 王伯言，沈国华，译. 上海: 上海财经大学出版社，2003.

[6] 曹永辉. 社会资本理论及其发展脉络 [J]. 中国流通经济，2013 (6): 62-67.

[7] 曾庆春，周梅华. 我国传统文化对西方关系营销的影响 [J]. 现代管理科学，2004 (2): 73-74.

[8] 曾仕强. 人际的奥秘 [M]. 北京: 北京联合出版公司，2015.

[9] 常向群. 关系抑或礼尚往来 [M]. 沈阳: 辽宁人民出版社，2009.

[10] 晁钢令. 中国流通产业发展中亟待关注的两个问题 [J]. 市场营销导刊，2005 (1): 8-10.

[11] 陈介玄，翟本瑞，张维安．韦伯论：西方社会的合理化［M］．台北：巨流图书公司，1990.

[12] 陈霞，马连福，贾西猛．独立董事与CEO私人关系对公司绩效的影响［J］．管理科学，2018，31（2）：135-150.

[13] 陈晓萍，徐淑英，樊景立．组织与管理研究的实证方法［M］．北京：北京大学出版社，2008.

[14] 陈李红，张岩，严新锋．网络品牌社群中顾客价值的形成与作用机理研究［J］．经济经纬，2016，33（2）：113-118.

[15] 成海清．顾客价值驱动要素剖析［J］．软科学，2007，21（2）：48-51.

[16] 成中英．中国哲学的综合创造与创造综合——兼论本体诠释的涵义［J］．安徽师范大学学报（人文社会科学版），1996（2）：135-143.

[17] 邓杨丰．我国银行同业拆借市场的网络结构分析［J］．广西大学学报（哲学社会科学版），2014，36（3）：22-30.

[18] 董大海．基于顾客价值构建竞争优势的理论与方法研究［D］．大连：大连理工大学，2003.

[19] 杜家欣．分享经济条件下交易成本机制研究［D］．郑州：河南大学，2018.

[20] 费孝通．乡土中国［M］．北京：人民出版社，2008.

[21] 冯仑．野蛮生长［M］．广州：广东人民出版社，2013.

[22] 胡保玲，沈鹏熠．边界人员私人关系、权力运用与经销商绩效［J］．兰州商学院学报，2011，27（5）：92-97.

[23] 胡保玲．边界人员私人关系及其对渠道关系的影响［J］．华东经济管理，2008，22（7）：101-104.

[24] 胡婉丽，汤书昆，肖向兵．上市公司高管薪酬和企业业绩关系研究［J］．运筹与管理，2005（6）：121-126.

[25] 蒋恩尧，冯飞．论关系营销理论模型及其应用［J］．商业研究，2001（4）：171-172.

[26] 康芒斯．制度经济学［M］．于树生，译.北京：商务印书馆，1962.

[27] 李春苗．人际关系协调与冲突解决［M］．广州：广东经济出版社，2001.

[28] 李海舰，原磊．论无边界企业［J］．中国工业经济，2005（4）：95-103.

[29] 李双燕，万迪昉．互惠对工作要求——工作满意度曲线关系的调节作用［J］．南开管理评论，2008（6）：105-111.

[30] 李想．结构洞理论新视角下黄金品牌竞争力的构建［J］．黄金，2017（2）：3-6.

[31] 林南．社会资源理论［J］．社会学与社会调查，1990（2）：57-60.

[32] 林翔. 社会资本理论视角下的网络传播的功能 [C]. 合肥：安徽省新闻传播学科研究生论坛. 2011.

[33] 林新. 图书馆联盟的社会网络嵌入性研究 [J]. 图书馆学研究，2013 (16)：82-84.

[34] 刘刚，王岚. 公平感知、关系质量与研发合作关系价值研究 [J]. 科研管理，2014，35 (8)：25-33.

[36] 刘宇涵，于苗. 移动社群中网络舆论对顾客共创价值的作用 [J]. 中国流通经济，2019，33 (2)：113-121.

[36] 吕文学，李晖. 承包商与业主关系价值影响因素的识别及分析 [J]. 项目管理技术，2015，13 (11)：39-44.

[37] 倪萍，阎伊. 供应链企业间合作信任研究 [J]. 兰州学刊，2004 (6)：142-144.

[38] 潘树银，高建瓴. 基于数据挖掘的弱关系社交网络及弱关系强化的研究 [J]. 计算机科学，2016，43 (8)：229-232.

[39] 寿志钢. 从交易成本透析关系营销 [J]. 社会科学研究，2003 (5)：43-45.

[40] 寿志钢，王进，汪涛. 企业边界人员的私人关系与企业间机会主义行为——双刃剑效应的作用机制及其边界条件 [J]. 管理世界，2018，34 (4)：162-175.

[41] 邵景波，陈珂珂，武爱敏. B-C环境下顾客网络特征对顾客关系价值的影响——基于服务业的实证研究 [J]. 预测，2014 (1)：27-32.

[42] 宋小莉. 基于私人关系的渠道权力使用实证研究 [D]. 成都：西南财经大学，2007.

[43] 田生湖，姚建峰，崔同宜. 云南迤西三大商帮的发展及其对经济和社会的影响 [J]. 红河学院学报，2019 (3) .

[44] 王永贵，韩顺平，邢金刚，等.基于顾客权益的价值导向型顾客关系管理——理论框架与实证分析 [J]. 管理科学学报，2005 (6)：27-36.

[45] 王成慧，叶生洪. 儒家文化中的关系营销思想初探 [J]. 山东经济，2003 (2)：47-49.

[46] 王学军，陈武. 关系营销是赢得顾客忠诚的战略工具 [J]. 武汉理工大学学报 (信息与管理工程版)，2004，24 (2)：127-130.

[47] 吴解生. 代工承接商的"关系收益"、"关系成本"与"关系剩余" [J]. 企业经济，2013 (12)：49-52.

[48] 吴开亚，邸允柱. 企业"私人关系价值"研究 [J]. 价值工程，2003，17 (6)：28-30.

[49] 夏春玉，张志坤，张闯.私人关系对投机行为的抑制作用何时更有效？——

传统文化与市场经济双重伦理格局视角的研究［J］．管理世界，2020（1）：130-146.

［50］ 熊太行．掌控关系［M］．北京：北京联合出版公司，2013.

［51］ 杨国枢，余安邦．中国人的心理与社会行为［M］．台北：巨流图书公司，1993.

［52］ 杨小凯，黄有光，张玉纲．专业化与经济组织［M］．北京：经济科学出版社，1999.

［53］ 叶飞，吴佳，吕晖，等．高管私人关系对供应商信息共享的作用机理研究——以组织间的信任为中介［J］．科学学与科学技术管理，2011，32（6）：140-149.

［54］ 于春玲，王海忠，赵平，等.品牌忠诚驱动因素的区域差异分析［J］．中国工业经济，2005（12）：115-121.

［55］ 尹丽，Carlsen A J，吴嵋山．中国、挪威两国学生对“丢面子”的比较研究［J］．上海管理科学，2003（5）：55-57.

［56］ 翟学伟．关系研究的多重立场与理论重构［J］．江苏社会科学，2007（3）：118-130.

［57］ 翟学伟．人情面子与权力的再生产［M］．北京：北京大学出版社，2005.

［58］ 张彩，严运楼．PPP模式下医养结合项目研究——基于社会交换理论［J］．卫生经济研究，2019（8）：45-47.

［59］ 张闯，徐佳，杜楠，等．基于本土文化的营销渠道中私人关系对投机行为的影响研究［J］．管理学报，2016，13（7）：958－971.

［60］ 张广玲，武华丽．私人关系价值、关系质量与顾客保留的关系研究［J］．武汉理工大学学报（社会科学版），2007（6）：86-90.

［61］ 张江华．卡里斯玛、公共性与中国社会——有关“差序格局”的再思考［J］．社会，2010，30（5）：1-24.

［62］ 张涛，张闯．私人关系、IT资源与渠道合作：分销商投机的权变影响［J］．管理评论，2018，30（10）：108-120.

［63］ 张甜．社会网络中的强弱关系在社群运营中的作用［J］．戏剧之家，2019（27）：223-224.

［64］ 张新国．关系营销［M］．北京：经济管理出版社，2000.

［65］ 张昱昭，柏巍，刘海飞．社会网络情景下金融市场行为研究进展与评析［J］．金融理论与实践，2019（12）：88-94.

［66］ 张志荣．社会交换理论视角下的消费者与商家关系研究［J］．大江周刊（论坛），2011（2）：84-85.

［67］ 赵黎鸣．政企互动：基于社会交换理论的视角［J］．财会学习，2017

(8): 194-194.

[68] 赵文军，谢守美. 社会网络嵌入视角下的虚拟团队知识共享模型研究 [J]. 情报杂志，2011 (8): 185-190，200.

[69] 赵志鹏，冯冈平，冯乐乐. 基于社会交换理论的品牌口碑传播策略 [J]. 价值工程，2016，35 (18): 214-216.

[70] 郑德明. 中国式饭局读心术 [M]. 北京: 现代出版社，2013.

[71] 朱梦然，颜祥林，袁勤俭. 结构洞理论及其在社交网络研究中的应用与展望 [J]. 情报杂志，2018，37 (7): 190-197.

[72] 朱开悉，胡秀峰. 企业客户关系价值与客户结构优化 [J]. 湖南财政经济学院学报，2017 (2).

[73] 朱小丽. 组织平衡理论与企业社会责任辨析 [J]. 当代经济，2010 (20): 120-121.

[74] 庄贵军，李珂，崔晓明. 关系营销导向与跨组织人际关系对企业关系型渠道治理的影响 [J]. 管理世界，2008，20 (7): 77-90.

[75] 庄贵军，席酉民. 关系营销在中国的文化基础 [J]. 管理世界，2003 (10): 98-109.

[76] 庄贵军，席酉民. 中国营销渠道中私人关系对渠道权力使用的影响 [J]. 管理科学学报，2004 (6): 52-62.

[77] 庄贵军. 营销渠道中的人际关系与跨组织合作关系: 概念与模型 [J]. 商业经济与管理，2012 (1): 27-35.

[78] 邹文篪，田青，刘佳. "投桃报李"——互惠理论的组织行为学研究述评 [J]. 心理科学进展，2012，20 (11): 1879-1888.

[78] Alam I. An exploratory investigation of user involvement in new service development [J]. Journal of the Academy of Marketing Science, 2002, 30 (3): 250-261.

[80] Anderson E, Weitz B. The use of pledges to build and sustain commitment in distribution channels [J]. Journal of Marketing Research, 1992, 29 (1): 18-34.

[81] Anderson J C, Gerbing D W. Structural equation modeling in practice: A review and recommended two-step approach [J]. Psychological Bulletin, 1988, 103 (3): 411-423.

[82] Anderson J C, Håkansson H, Johanson J. Dyadic business relationships within a business network context [J]. Journal of Marketing, 1994, 58 (4): 1-15.

[83] Anderson J C, Narus J A. A model of distributor firm and manufacturer

firm working partnerships [J]. Journal of Marketing, 1990, 54 (1): 42-58.

[84] Anderson J C, Narus J A. A model of the distributor's perspective of distributor-manufacturer working relationships [J]. Journal of Marketing, 1984, 48 (4): 62-74.

[85] Armstrong J S, Overton T S. Estimating nonresponse bias in mail surveys [J]. Journal of Marketing Research, 1977, 14 (3): 396-402.

[86] Babbie E R. The practice of social research [M]. 8th edition. Belmont: Wadsworth Publishing, 1998.

[87] Bagozzi R P. Reflections on relationship marketing in consumer markets [J]. Journal of the Academy of Marketing Science, 1995, 23 (4): 272-277.

[88] Baron R M, Kenny D A. The moderator-mediator variable distinction in social psychological research: Conceptual, strategic, and statistical consideration [J]. Journal of Personality and Social Psychology, 1986 (51): 1173-1182.

[89] Beatty S E, Mayer M, Coleman J E, et al. Customer-sales associate retail relationships [J]. Journal of Retailing, 1996, 72 (3): 223-247.

[90] Begley T M, Tan W L. The socio - cultural environment for entrepreneurship: A comparison between East Asian and Anglo-Saxon countries [J]. Journal of International Business Studies, 2001, 32 (3): 537-553.

[91] Bendapudi N, Leone R P. Managing business-to-business customer relationships following key contact employee turnover in a vendor firm [J]. Journal of Marketing, 2002, 66 (2): 83-101.

[92] Berry L L. Relationship marketing of services - growing interest, emerging perspectives [J]. Journal of the Academy of Marketing Science, 1995, 23 (4): 236-245.

[93] Berry L L. Relationship Marketing. In: Berry L L, Shostack, G L, Upala G D, Eds., Emerging perspectives on services marketing [C]. Chicago: American Marketing Association, 1983: 25-80.

[94] Bian Y. Guanxi and the allocation of urban jobs in China [J]. The China Quarterly, 1994 (140): 971-999.

[95] Biggemann S, Buttle F. Intrinsic value of business - to - business relationships: An empirical taxonomy [J]. Journal of Business Research,

2012，65 (8)：1132-1138.

[96] Bitner M J. Servicescapes: The impact of physical surroundings on customers and employees [J]. Journal of Marketing，1992 (56)，57-71.

[97] Blau A K. Exchange and power in social life [M]. New York：Wiley，1964.

[98] Bourdieu P. The forms of social capital [M] //Richardson J G. Handbook of Theory and Research for the Sociology of Education. Westport，CT.: Greenwood Press，1986.

[99] Brownell P，Dunk A S. Task uncertainty and its interaction with budgetary participation and budget emphasis: Some methodological issues and empirical investigation [J]. Accounting Organizations and Society，1991，16 (8)：693-703.

[100] Burt R S，Celotto N. Network structure of management roles in a large matrix firm [J]. Evaluation and Program Planning，1992，15 (3)：303-326.

[101] Campbell D T，Fiske D W. Convergent and discriminant validation by the multitrait-multimethod matrix [J]. Psychological Bulletin，1959 (56)：81-105.

[102] Campbell J P. On the nature of organizational effectiveness [M] //Goodman P S，Pennings J M. New Perspectives on Organizational Effectiveness. San Francisco：Jossey-Bass，1977.

[103] Capon N，Farley J U，Hoenig S. Determinants of financial performance: A meta-analysis [J]. Management Science，1990，36 (10)：1143-1159.

[104] Caroline Derozier. Marketing creativity in new product development: The Role of market orientation，technology orientation，learning orientation and interfunctional coordination [D]. Texas：Texas Tech University，2002.

[105] Chen C C，Chen X P，Huang S. Chinese guanxi: An integrative review and new directions for future research [J]. Management and Organization Review，2013，9 (1)：167-207.

[106] Chen X P，Chen C C. On the intricacies of the Chinese guanxi: A process model of guanxi development [J]. Asian Pacific Journal of Management，2004，21 (3)：305-324.

[107] Chen Po-T，Hu Hsin-H. The effect of relational benefits on perceived

value in relation to customer loyalty: An empirical study in the Australian coffee outlets industry [J]. International Journal of Hospitality Management, 2010 (29): 405-412.

[108] Christopher M, Payne A, Ballantyne D. Relationship marketing—Bringing quality, customer service and marketing together [M]. Oxford: Butterworth-Heinemann, 1991.

[109] Churchill J G A. A paradigm for developing better measures of marketing constructs [J]. Journal of Marketing Research, 1979, 16 (1): 64-73.

[110] Coase R H. The nature of the firm [J]. Economica, 1937.

[111] Coleman J S. Social capital in the creation of human capital [J]. American Journal of Sociology, 1988 (94): 95-120.

[112] Colgate M, Buchanan-Oliver M, Elmsly R. Relationship benefits in an internet environment [J]. Journal of Service Theory and Practice, 2005, 15 (5): 426-436.

[113] Copulsky J R, Wolf M J. Relationship marketing: Positioning for the future [J]. Journal of Business Strategy, 1990, 11 (4): 16-20.

[114] Cronin J J, Brady M K, Hult G, et al. Assessing the effects of quality, value, and customer satisfaction on consumer behavioral intentions in service environments [J]. Journal of Retailing, 2000, 76 (2).

[115] Crosby A. Effects of alternative types of influence strategies under different channel dependence structures [J]. Journal of Marketing, 1990, 54 (3): 30-41.

[116] Davies H, Leung T K P, Luk S T K, et al. The benefits of "Guanxi": The value of relationships in developing the Chinese market [J]. Industrial Marketing Management, 1995, 24 (3): 207-214.

[117] Delaney J T, Huselid M A. The impact of human resource management practices on perceptions of organizational performance [J]. The Academy of Management Journal, 1996, 39 (4): 949-969.

[118] Dess G G, Jr Robinson B R. Measuring organizational performance in the absence of objective measures: The case of the privately-held firm and conglomerate business unit [J]. Strategic Management Journal, 1984, 5 (3): 265-273.

[119] Donaldson L. The contingency theory of organizations [M]. Thousand Oaks: Sage Publications, 2001.

[120] Drazin R, Van De Ven A H. Alternative forms of fit in contingency theory [J]. Administrative Science Quarterly, 1985, 30 (4): 514-539.

[121] Drucker P F. The practice of management [M]. New York: Harper Business, 1954.

[122] Dwyer F R, Schurr P H, Sejo O. Developing buyer-seller relationships [J]. Journal of Marketing, 1987, 51 (2): 11-27.

[123] Eggert A, Ulaga W. Customer perceived value: A substitute for satisfaction in business markets? [J]. Journal of Business & Industrial Marketing, 2002, 17 (2/3): 107-118.

[124] Etzioni A. Modern organizations [M]. New Jersey: Prentice-Hall, 1964.

[125] Fletcher G J O, Simpson J A, Thomas G. The measurement of perceived relationship quality components: A confirmatory factor analytic approach [J]. Personality and Social Psychology Bulletin, 2000, 26 (3): 340-354.

[126] Ford J D, Schellenberg D A. Conceptual issues of linkage in the assessment of organizational performance [J]. Academy of Management Review, 1982, 7 (1): 49-58.

[127] Fornell C, Larcker D F. Evaluating structural equation models with unobservable variables and measurement error [J]. Journal of Marketing Research, 1981, 18 (1): 39-50.

[128] Gatignon H, Xuereb J. Strategic orientation of the firm and new product performance [J]. Journal of Marketing Research, 1997, 34 (1): 77-90.

[129] Gold T, Guthrie D, Wank D. Social connections in China: institutions, culture, and the changing nature of guanxi [M]. Cambridge: Cambridge University Press, 2002.

[130] Gouldner A W. The norm of reciprocity: A preliminary statement [J]. American Sociological Review, 1960: 161-178.

[131] Govindarajan V. Appropriateness of accounting data in performance evaluation: An empirical examination of environmental uncertainty as an intervening variable [J]. Accounting Organizations & Society, 1984, 9 (2): 125-135.

[132] Granovetter M S. The strength of weak ties [J]. American Journal of Sociology, 1973, 78 (6): 1360-1380.

[133] Grönroos C. Value - driven relational marketing: From products to resources and competencies [J]. Journal of Marketing Management,

1997, 13 (5): 407-419.

[134] Gu F F, Hung K, Tse D K. When does guanxi matter? issues of capitalization and its dark sides [J]. Journal of Marketing, 2008, 72 (4): 12-28.

[135] Gummesson E. Relationship marketing as a paradigm shift: Some conclusions from the 30R approach [J]. Management Decision, 1997, 35 (4): 267-272.

[136] Gwinner K P, Gremler D D, Bitner M J. Relational benefits in services industries: The customer's perspective [J]. Journal of the Academy of Marketing Science, 1998, 26 (2): 101-114.

[137] Hart O, Moore J. Property rights and the nature of the firm [J]. Journal of Political Economy, 1990, 98 (6): 1119-58.

[138] Hatcher R. Market relationships and the management of teachers [J]. British Journal of Sociology of Education, 1994, 15 (1): 41-61.

[139] Heide J B, John G. Do norms matter in marketing relationships? [J]. Journal of Marketing, 1992, 56 (2): 32-44.

[140] Heide J B. Interorganizational governance in marketing channels [J]. Journal of Marketing, 1994, 58 (1): 71-85.

[141] Heider F. The psychology of interpersonal relationships [M]. New York: John Wiley & Sons, 1958.

[142] Helfert G, Ritter T, Walter A. Redefining market orientation from a relationship perspective: Theoretical considerations and empirical results [J]. European Journal of Marketing, 2002, 36 (9/10): 1119-1139.

[143] Hennig-Thurau T, Gwinner K P, Gremler D D. Why customers build relationships with companies and why not [M]. Berlin: Springer, 2000.

[144] Hennig-Thurau T, Gwinner K P, Gremler D D. Relationship marketing: Gaining competitive advantage through customer satisfaction and customer retention [M]. Berlin: Springer, 2002, 146-167.

[145] Hogan J E, Armstrong G. Toward a resource-based theory of business exchange relationships: The role of relational asset value [J]. Journal of Business-to-Business Marketing, 2001, 8 (4): 3-28.

[146] Holmlund M. Analyzing business relationships and distinguishing different interaction levels [J]. Industrial Marketing Management, 2004, 33 (4): 279-287.

[147] Homburg C, Pflesser C. A multiple - layer model of market - oriented organizational culture: Measurement issues and performance outcomes [J]. Journal of Marketing Research, 2000, 37 (4): 449–462.

[148] Homburg C, Workman J P, Jensen O. Fundamental changes in marketing organization: The movement toward a customer - focused organizational structure [J]. Journal of the Academy of Marketing Science, 2000, 28 (4): 459–478.

[149] Houston T K, Ferenchick G S, Clark J M, et al. Faculty development needs [J]. Journal of General Internal Medicine, 2004, 19 (4): 375–379.

[150] Hung K, Fang Gu F, Tse D K. Improving media decision in China [J]. Journal of Advertising, 2005, 34 (1): 49–63.

[151] Inkpen A C, Tsang E W K. Social capital, networks, and knowledge transfer [J]. Academy of Management Review, 2005, 30 (1): 146–165.

[152] Jackson, B B. Build customer relationships that last [J]. Harvard Business Review, 1985 (12): 120–128.

[153] Jaworski B J, Kohli A K. Market orientation: Antecedents and consequences [J]. Journal of Marketing, 1993, 57 (3): 53–71.

[154] Johnson C L. Gift giving and reciprocity among the Japanese Americans in Honolulut [J]. American Ethnologist, 2010, 1 (2): 295–308.

[155] Kaiser H F. An index of factorial simplicity [J]. Psychometrika, 1974, 39 (1): 31–36.

[156] Kang Y S, Ridgway N M. The importance of consumer market interactions as a form of social support for elderly consumers [J]. Journal of Public Policy & Marketing, 15 (1): 108–117.

[157] Kaplan R S, Norton D P. The balanced scorecard-measures that drive performance [J]. Harvard Business Review, 1992, 70 (1): 71–79.

[158] Kelley H H, Thibaut J W. Interpersonal relations: A theory of interdependence [M]. New York: John Wiley & Sons, 1978.

[159] Klein B, Crawford R G, Alchian A A. Vertical integration, appropriable rents, and the competitive contracting process [J]. The Journal of Law and Economics, 1978, 21 (2): 297–326.

[160] Kleinbaum D G, Kupper L L, Muller K E. Applied regression analysis and other multivariate methods [J]. Technometrics, 2012, 31 (1): 117–118.

[161] Kotabe M, Czinkota M R. State government promotion of

manufacturing exports: A gap analysis [J]. Journal of International Business Studies, 1992, 23 (4): 637-658.

[162] Kotler P. Marketing's new paradigms: What's really happening out there [J]. Planning Review, 1992, 20 (5): 50-52.

[163] Lapierre J. Customer - perceived value in industrial contexts [J]. Journal of Business & Industrial Marketing, 2000, 15 (2/3): 122-145.

[164] Lee D J, Pae J H, Wong Y H. A model of close business relationships in China (guanxi) [J]. European Journal of Marketing, 2001, 35 (1/2): 51-69.

[165] Lee D Y, Dawes P L. Guanxi, trust, and long - term orientation in Chinese business markets [J]. Journal of International Marketing, 2005, 13 (2): 28-56.

[166] Lee P K C, Humphreys P K. The role of guanxi in supply management practices [J]. International Journal of Production Economics, 2007, 106 (2): 450-467.

[167] Lincoln Y S, Guba E G. Naturalistic inquiry [M]. Beverly Hills: Sage, 1985.

[168] Luo Y. Guanxi: Principles, philosophies, and implications [J]. Human Systems Management, 1997, 16 (1): 43-51.

[169] Luteberget A. Customer involvement in new service development: how does customer involvement enhance new service success? [D]. kristiansand: Agder University College, 2005.

[170] Malinowski M T. On random fuzzy differential equations [J]. Fuzzy Sets and Systems, 2009, 160 (21): 3152-3165.

[171] Mandják T, Durrieu F. Understanding the non-economic value of business relationships [J]. 16th Annual IMP Conference, 2001, 2 (1): 1-16.

[172] Matthews R. The economics of institutions and the sources of growth [J]. Economic Journal, 1986, 96 (384): 903-918.

[173] Meng X. The effect of relationship management on project performance in construction [J]. International Journal of Project Management, 2012, 30 (2): 188-198.

[174] Merchant K A. The design of corporate budgeting systems: Influences on managerial behavior and performance [J]. The Accounting Review, 1981, 4 (4): 813-829.

[175] Michael T, Mark A V, Jeen - Su L. Manufacturing technology and

strategy formulation: Keys to enhancing competitiveness and improving performance [J]. Journal of Operations Management, 1999, 17 (4): 411-428.

[176] Miles Jeffrey A. Management and organization theory [M]. New York: John Wiley & Sons, Ins. 2012.

[177] Mohrman S A, Tenkasi R V, Mohrman Jr. A M. The role of networks in fundamental organizational change: A grounded analysis [J]. Journal of Applied Behavioral Science, 2003, 39 (3): 301-323.

[178] Morgan R E. Market-based organizational learning—Theoretical reflections and conceptual insights [J]. Journal of Marketing Management, 2004, 20 (1-2): 67-103.

[179] Morgan R M, Hunt S D. The commitment-trust theory of relationship marketing [J]. Journal of Marketing, 1994, 58 (3): 20-38.

[180] Narver J C, Slater S F. The effect of a market orientation on business profitability [J]. Journal of Marketing, 1990, 54 (4): 20-35.

[181] Noble S M, Phillips J. Relationship hindrance: Why would consumers not want a relationship with a retailer? [J]. Journal of Retailing, 2004, 80 (4): 289-303.

[182] Nowak M A, Sigmund K. Evolution of indirect reciprocity [J]. Nature, 2005, 437 (7063): 1291-1298.

[183] Nunnally J C, Bernstein I H. Psychometric theory [M]. 3rd ed. New York: McGraw-Hill, 1994.

[184] Palmatier R W, Dant R P, Grewal D, et al. Factors influencing the effectiveness of relationship marketing: A meta-analysis [J]. Journal of Marketing, 2006, 70 (4): 136-153.

[185] Palmatier R W, Jarvis C B, Kardes B F R. The role of customer gratitude in relationship marketing [J]. Journal of Marketing, 2009, 73 (5): 1-18.

[186] Palmatier R W. Interfirm relational drivers of customer value [J]. Journal of Marketing, 2008, 72 (4): 76-89.

[187] Palmiter A R. Public corporation as private constitution [J]. Social Science Electronic Publishing, 2008.

[188] Park S H, Luo Y. Guanxi and organizational dynamics: Organizational networking in Chinese firms [J]. Strategic Management Journal, 2001, 22 (5): 455-477.

[189] Payne A, Holt S. Diagnosing customer value: Integrating the value process and relationship marketing [J]. British Journal of Management, 2001, 12 (2): 159-182.

[190] Pearce J A, Robbins D K, Robinson R B. The impact of grand strategy and planning formality on financial performance [J]. Strategic Management Journal, 1987, 8 (2) .

[191] Pfeffer J, Salancik G R. The external control of organizations: A resource dependence perspective [M]. New York: Harper & Row, 1978.

[192] Porter M E. Competitive advantage [M]. New York: Free Press, 1985.

[193] Qian L, Yang P, Li Y. Does guanxi in China always produce value? The contingency effects of contract enforcement and market turbulence [J]. Journal of Business & Industrial Marketing, 2016, 31 (7): 861-876.

[194] Ramasamy B, Goh K W, Yeung M C H. Is guanxi (relationship) a bridge to knowledge transfer? [J]. Journal of Business Research, 2006, 59 (1): 1-139.

[195] Ravald A, Grönroos C. The value concept and relationship marketing [J]. European Journal of Marketing, 1996, 30 (2): 19-30.

[196] Rayport J F, Sviokla J J. Managing in the marketspace [J]. Harvard Business Review, 1995, 72 (6): 141-150.

[197] Reynolds K E, Beatty S E. Customer benefits and company consequences of customer-salesperson relationships in retailing [J]. Journal of Retailing, 1999, 75 (1): 11-32.

[198] Robbins S P. Organizational behavior: Concepts, controversies, applications [M]. 7th ed. New Jersey : Prentice Hall, 1996.

[199] Armstrong R W, Siew M Y. Do Chinese trust Chinese? A study of Chinese buyers and sellers in Mal [J]. Journal of International Marketing, 2001, 9 (3): 63-86.

[200] Rowley T J. Moving beyond dyadic ties: A network theory of stakeholder influences [J]. Academy of Management Review, 1997, 22 (4): 887-910.

[201] Ruekert R W, Walker O C, Roering K J. The organization of marketing activities: A contingency theory of structure and performance [J]. Journal of Marketing, 1985, 49 (1): 13-25.

[202] Shen L, Zhang C, Teng W. The double-edged effects of guanxi on partner opportunism [J]. Journal of Business & Industrial Marketing,

2019，34（6）：1313-1322.

[203] Shi G，Shi Y，Chan A K K，et al. The role of renqing in mediating customer relationship investment and relationship commitment in China [J]. Industrial Marketing Management，2011，40（4）：496-502.

[204] Slater S F，Narver J C. Does competitive environment moderate the market orientation-performance relationship? [J]. Journal of Marketing，1994，58（1）：46-55.

[205] Steers R M. Antecedents and outcomes of organizational commitment [J]. Administrative Science Quarterly，1977，22（1）：46-56.

[206] Stevenson W B，Greenberg D. Agency and social networks：Strategies of action in a social structure of position，opposition，and opportunity [J]. Administrative Science Quarterly，2000，45（4），651-678.

[207] Straub D W. Validating instruments in MIS research [J]. MIS Quarterly，1989，13（2）：147-169.

[208] Suprapto M，Bakker H L M，Mooi H G，et al. Sorting out the essence of owner-contractor collaboration in capital project delivery [J]. International Journal of Project Management，2014，33（3）：664-683.

[209] Sweeney Jillian C，Soutar Geoffrey N. Consumer perceived value：The development of a multiple item scale [J]. Journal of Retailing，2001，77（2）.

[210] Thibaut J W，Kelley H H. The social psychology of groups [M]. New York：Alley，1959.

[211] Thurnwald R. The psychology of acculturation [J]. American Anthropologist，1932，34（4）：557-569.

[212] Tsang E W K. Can guanxi be a source of sustained competitive advantage for doing business in China? [J]. Academy of Management Perspectives，1998，12（2）：64-73.

[213] Ulaga W，Chacour S，Eggert. Customer perceived value：A substitute for satisfaction in business market [J]. The Journal of Business and Industrial Marketing，2002，17（2/3）：10-22.

[214] Vazquez-Carrasco R.，Foxall GR. Influence of personality traits on satisfaction，perception of relational benefits，and loyalty in a personal service context [J]. Journal of Retailing & Consumer Services，2006，13（3）：205-219.

[215] Venkatraman N，Ramanujam V. Measurement of business performance in

strategy research: A comparison of approaches [J]. The Academy of Management Review, 1986, 11 (4): 801-814.

[216] Walter A, Ritter T, Gemünden H G. Value creation in buyer-seller relationships: Theoretical considerations and empirical results from a supplier's perspective [J]. Industrial Marketing Management, 2001 (4): 365-377.

[217] Wang C L. Guanxi vs. relationship marketing: Exploring underlying differences [J]. Industrial Marketing Management, 2007, 36 (1): 81-86.

[218] Wang G, Wang X, Zheng Y. Investing in guanxi: An analysis of interpersonal relation-specific investment (Rsi) in China [J]. Industrial Marketing Management, 2014, 43 (4): 659-670.

[219] Wasserman S. Social network analysis: Methods and applications [M]. Cambridge: Cambridge University Press, 1994.

[220] Wathne K H, Heide B J B. Choice of supplier in embedded markets: Relationship and marketing program effects [J]. Journal of Marketing, 2001, 65 (2): 54-66.

[221] White H C. Where do markets come from? [J]. Advances in Strategic Management, 1981, 87 (3): 517-547.

[222] Wilson D T, Jantrania S. Understanding the value of a relationship [J]. Asia-Australia Marketing Journal, 1994, 2 (1): 55-66.

[223] Woodruff R B. Customer value: The next source for competitive advantage [J]. Journal of the Academy of Marketing Science, 1997, 25 (2): 139.

[224] Wu J B, Hom P W, Tetrick L E, Shore L M. The norm of reciprocity: scale development and validation in the Chinese context [J]. Management and Organization Review, 2006, 2 (3): 377-402.

[225] Wulf K D, Scheder G O, Iacobucci D. Investments in consumer relationships: A cross-country and cross-industry exploration [J]. Journal of Marketing, 2001, 65 (4): 33-50.

[226] Yang M M-H. Gifts, favors, and banquets: The art of social relationships in China [M]. New York: Cornell University Press, 1994.

[227] Yen D A, Barnes B R, Wang C L. The measurement of guanxi: Introducing the GRX scale [J]. Industrial Marketing Management, 2011, 40 (1): 97-108.

[228] Yen H J R Y, Gwinner K P. Internet retail customer loyalty: The mediating role of relational benefits [J]. International Journal of Service Industry Management, 2003, 14 (5): 483-500.

[229] Yuchtman E, Seashore E S. A System resource approach to organizational effectiveness [J]. American Sociological Review, 1967, 32 (6): 891-903.

[230] Zahra S A, Covin J G. Business strategy, technology policy and firm performance [J]. Strategic Management Journal, 1993, 14 (6): 451-478.

[231] Zeithaml V A. Consumer perceptions of price, quality, and value: A means-end model and synthesis of evidence [J]. Journal of Marketing, 1988, 52 (3): 2-22.

[232] Zhuang G, Xi Y, El-Ansary A. The impact of interpersonal guanxi on exercise of power in a Chinese marketing channel [J]. Journal of Marketing Channels, 2008, 15 (2-3): 185-210.

[233] Zhuang G, Xi Y, Tsang A S L. Power, conflict, and cooperation: The impact of guanxi in chinese marketing channels [J]. Industrial Marketing Management, 2010, 39 (1): 137-149.

关键词索引